O GUIA MITOLÓGICO DO NAMORO

Conquiste seu Fauno
sem deixar de ser Sereia

O GUIA MITOLÓGICO DO NAMORO

Conquiste seu Fauno sem deixar de ser Sereia

FRANCESCA LIA BLOCK

Tradução
FATIMA SANTOS

1ª edição

Rio de Janeiro | 2017

CIP-BRASIL. CATALOGAÇÃO NA PUBLICAÇÃO
SINDICATO NACIONAL DOS EDITORES DE LIVROS, RJ

Block, Francesca Lia, 1962-
B611g   O guia mitológico do namoro/Francesca Lia Block; tradução Fatima Santos. – 1ª ed. – Rio de Janeiro: Best*Seller*, 2017.

Tradução de: Wood Nymph Seeks Centaur
ISBN 978-85-7684-910-0

1. Encontro (Costumes sociais). 2. Namoro. 3. Relação homem-mulher. I. Santos, Fatima. II. Título.

16-37673

CDD: 306.73
CDU: 392.4

Texto revisado segundo o novo Acordo Ortográfico da Língua Portuguesa.
Título original norte-americano
WOOD NYMPH SEEKS CENTAUR
Copyright © 2009 by Francesca Lia Block
Copyright da tradução © 2017 by Editora Best Seller Ltda.
Esse livro foi publicado com a permissão de Bloomsbury USA, uma divisão de Diana Publishing, Inc. Todos os direitos reservados.
Design de capa: Renata Vidal
Imagens de capa: Blixa 6, Eclectic Anthology, Freepik, Adiemus/Shutterstock, Shafran/Shutterstock

Todos os direitos reservados. Proibida a reprodução,
no todo ou em parte, sem autorização prévia por escrito da editora,
sejam quais forem os meios empregados.
Direitos exclusivos de publicação em língua portuguesa para o Brasil
adquiridos pela
EDITORA BEST SELLER LTDA.
Rua Argentina, 171, parte, São Cristóvão
Rio de Janeiro, RJ – 20921-380
que se reserva a propriedade literária desta tradução

Impresso no Brasil

ISBN 978-85-7684-910-0

Seja um leitor preferencial Record.
Cadastre-se e receba informações sobre nossos lançamentos e nossas promoções.
Atendimento e venda direta ao leitor
mdireto@record.com.br ou (21) 2585-2002

Para Lydia (Serfada) Wills e Reg E.
(Sátiro em Processo de Maturação Elegante)
Cathey

Sumário

Introdução 11

Definindo seu tipo 17

Tipos femininos 20
Tipos masculinos 27

Os tipos 35

Tipos masculinos 37
Tipos femininos 82
Combinações masculinas 112
Combinações femininas 120
Tipos famosos 125
Tipos na literatura 132

Casais mitológicos: como os tipos se relacionam entre si 135

Casais femininos-masculinos 137
Casais homoafetivos 247

Astro[mito]logia 263
Conclusão 267
Agradecimentos 269

O GUIA MITOLÓGICO DO NAMORO

Introdução

Você está perdida em uma floresta escura, cercada por árvores retorcidas que bloqueiam a luz do sol e a claridade da lua. Os caminhos sinuosos parecem não levar a lugar algum. Criaturas estranhas, atraentes e assustadoras ao mesmo tempo, espreitam nas sombras.

Essa não é simplesmente uma floresta qualquer — é a floresta do relacionamento. Como você sobrevive? Como encontra seu caminho sem um guia? A resposta está aqui.

Meu último namorado tinha cabelo encaracolado que formava pequenos chifres na cabeça, uma barba bem-aparada, quadril largo e pés pequenos, parecidos com cascos. Ele era sensual na cama e fera no skate. Tirava fotografias minhas suavemente iluminadas (a maioria das vezes de meu traseiro, para ser precisa), e sempre que eu perguntava como ele estava quando eu o encontrava, sussurrava, com voz rouca e forte sotaque: "Melhor agora." Certa vez ele me disse que nunca se sentira tão próximo de alguém como se sentia de mim. No entanto, ao mesmo tempo, ele não gostava de compromissos e manteve nosso relacionamento em segredo por meses. Ele ainda parecia bastante ligado à sua jovem e linda ex-mulher. Após terminarmos, ele seduziu sua namorada seguinte utilizando exatamente as mesmas táticas que usara comigo. Tirou fotos dela e até preparou o CD de praxe com uma coletânea de músicas escolhidas a dedo. Fico imaginando se ele usou as mesmas canções. Eu o observei falando com a nova mulher usando sua voz baixa e seu sotaque sensual, fazendo manobras arrojadas no skate para impressioná-la, ou permanecendo quieto enquanto ela saltitava diante dele, exatamente como eu fizera uma vez. Fiquei arrasada. O que eu tinha feito de errado? O que faltava em mim? Eu não conseguia entender o que havia acontecido ou como me encaixara na dinâmica do relacionamento. Sentia que não compreendia, de jeito nenhum, o homem com quem havia ficado durante um ano.

Então comecei a namorar pela internet, por muito tempo. Como poderia ser diferente hoje em dia? Foi a primeira vez que de fato marquei encontros. Havia permanecido casada por sete anos e, antes disso, tive apenas alguns poucos relacionamentos duradouros. Todos os meus relacionamentos anteriores haviam sido encontros casuais ou com sujeitos apresentados por amigos, mas essas abordagens agora pareciam demasiadamente limitadas ou sem propósito. A internet parecia oferecer um mundo de possibilidades.

Porém, antes que me desse conta, entrei em um bosque cerrado, e me perdi. Estava em uma floresta estranha, tortuosa e confusa, sem um mapa ou um guia para me ajudar a compreender todas aquelas novas criaturas que me cercavam. Qual era a mais

INTRODUÇÃO

adequada para mim? Quem eram elas? Aliás, quem era eu, na verdade? Eu era uma mãe solteira apaixonada, com duas crianças pequenas; uma escritora com livros publicados; uma amiga leal; uma adoradora de sapatos; professora de ioga em meio expediente; dançarina frenética e obcecada por amor. E, agora, era também uma namoradeira. Mas de que tipo? E que tipo de namorado eu estava procurando para ser meu companheiro em potencial?

No começo, tentei responder a estas perguntas atirando-me em relacionamentos emocionais e sexuais com muitas pessoas, e cedo demais. Eu sabia que precisava de alguma orientação, mas de que tipo?

Quando eu era criança, meu pai lia mitos gregos para me ajudar a adormecer, e minha mãe lia contos de fadas em voz alta. Eu adorava desenhar criaturas mitológicas — fadas, sereias, faunos perseguindo ninfas. Quando adulta, escrevi sobre elas em meus romances e contos. Mitos e contos de fadas fazem parte de mim — uma parte do que penso sobre o mundo. Por que me isolar deles no que diz respeito a um aspecto tão importante de minha vida emocional — o namoro? Eles me proporcionaram muito apoio ao longo dos anos (emocional e real — escrever sobre eles é meu ganha-pão). Por que não me inspirar neles agora, quando eu, de fato, precisava?

Comecei a examinar todos os meus relacionamentos anteriores sob essa perspectiva. Meu ex-namorado era um Sátiro. O ex-namorado antes desse foi um Fauno. Tomei café com Gigantes. Nunca fui próxima de um Centauro. Jamais conheci um Espírito da Floresta, mas pela primeira vez pensei que talvez isso pudesse ocorrer, porque, afinal, eu me tornara capaz de enxergá-lo e defini-lo como de fato ele era.

E quanto a mim? Pensei sobre isso durante algum tempo e concluí que eu era uma Ninfa da Floresta.

Lembrei-me de todos os relacionamentos fracassados e, ao analisá-los, através das lentes da mitologia, não pareciam mais tão devastadores. Pude me avaliar. Tive uma sensação de ordem. Claro que o Sátiro me deixou. Claro que não consegui ficar com um Fauno. Eu era uma Ninfa da Floresta! Era como tentar namorar o signo astrológico errado. Você pode conseguir triunfar sobre o destino em determinados casos, mas as probabilidades são poucas, então, se falhar, você não precisa ficar desanimada. Simplesmente, siga em frente.

Minha mente inquieta de escritora, que gosta de compreender tudo, sentiu um alívio imediato diante do exercício de namoro mitológico. Pratiquei muito. Eu era capaz de adentrar uma sala e classificar quase todo mundo imediatamente. Meus amigos de todas as idades, gêneros e tipos mitológicos fizeram o mesmo, categorizaram-se e categorizaram seus pares, desafiando-me ("Fulano de tal não se encaixa em nenhuma de suas categorias. Você precisa de uma categoria nova") e acrescentando insights maravilhosos.

Este guia mitológico do relacionamento é o primeiro e único sistema de classificação mitológica para ajudar aqueles que experimentam os altos e baixos da busca por um(a) companheiro(a), ou por apenas um(a) namorado(a). É uma forma de descobrir mais sobre si mesmo e sobre os outros. É uma forma de ver o outro tão antiga quanto as florestas, os lagos e as montanhas, de onde os primeiros tipos se originaram. Afinal, se o que estamos procurando em nossa vida real são os contos de fadas, por que não os utilizarmos para nos orientar? Se você quer um Elfo

INTRODUÇÃO

das Árvores em sua vida, precisa aprender a reconhecê-lo. Pode ser que você sequer tenha percebido que precisa de uma Giganta e não de uma Duende. Este livro ajudará a selecionar dentre os diferentes tipos de criaturas e a lidar com eles. Ao encontrar seu Sátiro, como evitar a dor que ele tende a provocar? Qual é a melhor forma para o casal Elfo Urbano passar o tempo? Como o Centauro se comporta na cama, e será que ele pode ser feliz com uma Sílfide, ou ele é sexualmente mais compatível com uma Fada? Pode ser que haja uma selva lá fora, mas, com este guia, prometo que você descobrirá algumas criaturas muito amigáveis por lá, dispostas a apoiarem você na busca pelo seu caminho. Você só precisa ser capaz de identificá-las. E isso pode ajudá-la a se enxergar também, que é o que todos realmente buscamos.

Definindo seu Tipo

Antes de apresentar os tipos diferentes em detalhes, ofereço-lhe uma forma de descobrir qual é o seu verdadeiro tipo. Você pode achar que é um determinado tipo, com base apenas no título, mas esta seção vai lhe fornecer detalhes que definem os tipos em um nível mais profundo. Encontre o parágrafo que lhe descreve melhor, sem pensar muito nele. Em seguida, verifique o final (não vale espiar!) para encontrar que tipo você é. Se constatar que se encaixa entre dois tipos, você é uma combinação deles. Explicarei isto mais adiante. Por enquanto, leia as descrições com a mente aberta, e lembre-se de se divertir. Ao definir seu tipo mitológico, você não só terá mais insights sobre si e sobre seus relacionamentos, como talvez irá conseguir desfrutar mais um pouco de tudo em sua vida. Poderá compreender melhor por que gosta das pessoas e das coisas de que gosta, e começará a confiar em sua natureza verdadeira na busca pelo que é mais significativo para você.

É possível para uma mulher ser um dos tipos "masculinos" e vice-versa, embora alguns — como Gigantes, Vampiros e Elfos Urbanos — tenham versões masculinas e femininas bastante semelhantes, porém distintas. Dividi as descrições em tipos femininos e masculinos, mas você pode reconhecer-se como masculino ou feminino independentemente de seu sexo; portanto, sinta-se à vontade para se identificar usando qualquer um dos resumos a seguir.

Tipos Femininos

1. Você usa calças jeans de cintura baixa e não fica muito irritada se mostrar o cofrinho acidentalmente de vez em quando? Alguma vez se imaginou trabalhando como *stripper* ou de fato foi uma? Você não fica muito constrangida com demonstrações públicas de afeto, ou até mesmo demonstrações públicas de animosidade com seu parceiro? Sexo é importante para você? E quanto à expressão criativa — escrita, pintura, fotografia? Você gosta de dançar livremente, sem seguir passos ou uma rotina, e está disposta a dançar em quase qualquer lugar? Você gosta de escutar músicas de cantoras e compositoras revoltadas? Você sempre desejou ardentemente ter filhos? Se os tem, os ama do fundo do coração, mesmo se eles a deixam exausta constantemente?

2. Você é compassiva por natureza? Se for mãe, é uma cuidadora excelente, embora um tanto superprotetora? Você trabalha com artes terapêuticas ou apenas gosta de massagens e ioga? Tem interesse em medicina alternativa e práticas espirituais não convencionais? Você se veste com roupas largas estampadas e raramente usa muita maquiagem? Ouve música do mundo inteiro e lê livros sobre espiritualidade? Você tem profunda admiração pela natureza e se importa muito com a situação mundial? Você, às vezes, tem problemas em estabelecer limites entre suas necessidades e as necessidades alheias?

3. Você é inteligente e lê muito? Escreve blogs sobre o novo filme de Charlie Kaufman e prepara CDs com coletâneas de músicas de bandas de rock progressivo? Gosta de músicos como Björk? Gosta de ir a cafeterias onde é possível passar horas tomando café, comendo doces e trabalhando no seu laptop? Usaria ou cogitaria usar uma saia com meias na altura do joelho e óculos de armação-gatinho? Você é uma romântica enrustida? Você é, ao mesmo tempo, bastante solitária e uma amiga dedicada?

4. Você tem mais de vinte pares de sapatos? Passa horas ao telefone aconselhando suas amigas sobre os problemas românticos delas, mas está menos disposta a revelar os próprios? Consegue se vestir com um traje perfeito em um piscar de olhos? Fazer compras é uma das atividades que mais deixa você feliz? A comida é um prazer sensual muito importante para você, sobretudo os doces, mas você toma cuidado para não comer em excesso? Ama flores e frequentemente as dá para suas amigas? Gosta de música que poderia ser descrita como "bonitinha"? Palavras como delicada e animada descrevem você de vez em quando? Você é um tanto evasiva?

5. As palavras divertida e despreocupada são frequentemente usadas para descrevê-la? Você é muito sociável e está sempre cercada por amigos que gostam de você? Gosta de atividades esportivas ao ar livre? Em um relacionamento, procura alguém para acompanhá-la em

aventuras? Se gosta de alguém, você diz que gosta dessa pessoa diretamente e não perde tempo com joguinhos? Gosta muito de roupas da moda, mas prefere parecer atraente e confortável em vez de se enfeitar demais? Você pode ser esse tipo.

6. Você está satisfeita com o seu cabelo? Você sabe que tem cabelo bonito. Nunca realmente se preocupa por não ter cabelo bonito. Tem uma boa voz para cantar? Consegue detectar a diferença entre Prada e Dolce & Gabbana só de olhar, não é? Consegue soletrar Gabbana. Os homens, em geral, gostam de você, mas as mulheres se sentem ameaçadas por você? Às vezes você insulta os outros sem ter a intenção de fazê-lo? Quando entra em algum ambiente, todos a notam? Se eles não a notam, você os obriga a notar imediatamente, certo?

7. Você é relativamente tímida, mas tem uma vida interior repleta de paixão? Lida com a depressão indo para a cama e assistindo a um filme de mulherzinha enquanto devora um pote de sorvete? É maternal e carinhosa por natureza? Ouve músicas de compositores reconfortantes e lê literatura romântica? Sua casa é um ambiente bonito e aconchegante? Sua despensa tem uma quantidade grande de comida, que você gosta de preparar para os amigos? Geralmente, você é estável e realista, sobretudo em relação a assuntos que envolvem sua família?

8. Quando está deprimida, berra dizendo como está zangada ou canta suas músicas favoritas bem alto enquanto dirige pela estrada? Você cogitaria raspar a cabeça? Faria uma tatuagem? Se fosse uma poetisa americana famosa, seria Sylvia Plath? Você procura intensidade acima de quase tudo em um relacionamento — isto é, alguém com quem você possa brigar bastante e depois fazer um excelente sexo de reconciliação? Os outros a consideram um tanto intimidadora, apesar de você se considerar muito sensível?

9. *Astuta* é uma palavra que poderia descrevê-la? Sua carreira está em rápida ascensão? Seu estilo é clássico e um pouco conservador? Você é prática, mas não imune aos prazeres da vida, como jazz e uma boa refeição seguida de chocolate? Seu celular está sempre em sua mão, não é? Você procura um relacionamento sólido, amoroso e duradouro e não está disposta a se contentar com menos?

10. Você se adapta razoavelmente bem, mas é capaz de alegrar o mundo com seu sorriso quando quer? Você tem um lado sério e sombrio que, às vezes, disfarça com risadas e jogos provocativos? Você é alguém que gosta de se exercitar muito na academia para liberar a tensão profunda que sente de vez em quando? Quando gosta de alguém, acha mais fácil se tornar amigo dessa pessoa do que se envolver romanticamente? Seu estilo pessoal é informal? Você evita se vestir de forma provocativa na maior parte do tempo?

Alguma vez já foi chamada de moleca? Se respondeu "sim" para a maioria destas perguntas, considere a possibilidade de este ser o seu tipo.

11. A moda de vanguarda é uma de suas marcas registradas? Você é muito mais sensível e tímida do que parece? Gosta de uma vida noturna agitada, mas fica comparativamente calma durante o dia? Já fez parte de uma banda de música alternativa? Tem muitos sapatos com salto agulha e roupas íntimas pretas e sensuais? As pessoas, às vezes, acham você misteriosa? Você gosta de cultivar essa imagem? Gosta de literatura e música romântica e lúgubre? Se gosta, este pode ser o seu tipo.

12. Você é conhecida por sua natureza idealista? Você é alternadamente charmosa e taciturna e procura um parceiro disposto a aceitar todos os seus aspectos? Sua agressividade aparente esconde um lado mais vulnerável? Em um encontro romântico, gosta de dividir um coquetel em um bar escuro? Corre (preferivelmente em meio à natureza) para curar sua ressaca no dia seguinte? Gosta de música com um lado agressivo, talvez metal, e se veste com um estilo sexy, porém simples? Apesar de seus relacionamentos serem potencialmente turbulentos, você é sempre suficientemente sedutora para manter seus parceiros intrigados?

DEFININDO SEU TIPO

Se você se identifica mais com a primeira descrição, você é uma **NINFA DA FLORESTA**.

Se você se identifica mais com a segunda descrição, você é uma **DRÍADE**.

Se você se identifica mais com a terceira descrição, você é uma **ELFA URBANA**.

Se você se identifica mais com a quarta descrição, você é uma **FADA**.

Se você se identifica mais com a quinta descrição, você é uma **DUENDE**.

Se você se identifica mais com a sexta descrição, você é uma **SEREIA**.

Se você se identifica mais com a sétima descrição, você é uma **GIGANTA**.

Se você se identifica mais com a oitava descrição, você é uma **FADA UIVANTE**.

Se você se identifica mais com a nona descrição, você é uma **GNOMA**.

Se você se identifica mais com a décima descrição, você é uma **SÍLFIDE**.

Se você se identifica mais com a décima primeira descrição, você é uma **Vampira**.

Se você se identifica mais com a décima segunda descrição, você é uma **Mulher Lobisomem**.

DEFININDO SEU TIPO

Tipos Masculinos

1. Você é um artista? Usa a arte para afastar o mundo quando está deprimido? Suas parceiras se referem a você como um tipo forte e calado? Elas, às vezes, ficam frustradas quando você se isola em sua criatividade? Você conecta sua sexualidade com seus impulsos criativos? Se pudesse escolher um diretor para contar a história de sua vida no cinema, ele seria alguém como Julian Schnabel, Francis Ford Coppola ou Stanley Kubrick — homens cujos estilos são desenfreadamente criativos e, no mínimo, um pouco sombrios?

2. A conexão espiritual está entre as coisas mais importantes de sua vida? Seu estilo poderia ser descrito como natural? Você conhece e procura alimentos orgânicos ou, em geral, saudáveis? Você usa a palavra *verde* com muita frequência? Gosta de caminhar ao ar livre, visitar fontes de água quente natural, fazer ioga e massagear e ser massageado? Conhece a obra de Walt Whitman? Você talvez seja este tipo.

3. Você é um cara inteligente e sabe tudo de tecnologia com um lado criativo? É um pouco tímido em situações sociais? Fica mais à vontade se comunicando por meios tecnológicos do que cara a cara? Seu estilo é elegante com um toque vanguardista? Você usa óculos de grife? Seus diretores cinematográficos favoritos são pessoas como

Steven Soderbergh, Wes Anderson e Spike Jonze — excêntricos e inteligentes? Em um relacionamento, você procura uma melhor amiga para ter relações sexuais bem intensas e divertidas? Você, às vezes, acha que o romance é valorizado demais?

4. Você dedica bastante atenção para a maneira de se vestir e para a decoração de sua casa? Seu estilo pessoal segue as últimas tendências e contém um toque de estrela do rock de vez em quando? Você é bastante sociável? Quando gosta de alguém, finge estar menos interessado do que realmente está, muito embora, no final das contas, almeje um relacionamento apaixonado? O sexo pode ser uma forma de arte para você — algo que você realmente aprecia e gosta de explorar, mas que nem sempre o envolve emocionalmente? Seu trabalho ou seus passatempos são criativos de alguma forma?

5. Você é um pai de família que adora crianças e animais e que gosta de relaxar ao ar livre? Valoriza igualmente a estabilidade e a paixão em um relacionamento? A expressão "cara legal" é usada para descrevê-lo algumas vezes? Durante uma discussão acalorada, já ouviu de alguém que você se supervaloriza? Você tem a capacidade de alegrar as pessoas apenas com sua presença? É pelo menos moderadamente bem-sucedido em sua carreira, embora se considere muito bem-sucedido na vida? Considera sua inteligência mais emocional/intuitiva do que cerebral?

6. Você é um cara rústico, amante do ar livre, que gosta de esportes em meio à natureza? É viril, calmo e despreocupado? Deixa transparecer um jeito protetor? Veste roupas informais quase sempre? Seu trabalho é menos importante do que sua paixão por surfar/andar de bicicleta/praticar snowboard (ou você talvez já tenha convertido essa paixão em uma profissão)? A água é, de algum modo, importante para você? Você acredita em uma espiritualidade fora do padrão? O que acha...? Este tipo é você?

7. Você é frequentemente descrito como amável, porém temperamental, mesmo que, em geral, consiga se conter? Sua presença é sólida e reconfortante, e você é muito carinhoso e engraçado quando se sente querido? Você é mais sensível do que aparenta à primeira vista? Está procurando um relacionamento cheio de ternura, estímulo intelectual e romance (provavelmente nessa ordem)? Gosta de ir a museus e de colecionar objetos bonitos? Gosta de vinhos finos, de jantares e de receber convidados com generosidade em sua agradável e aconchegante casa? É, em geral, um parceiro muito fiel?

8. Você cuida de sua imagem para atrair parceiros sexuais? *Sensual* é uma palavra usada frequentemente por terceiros e por você mesmo para descrevê-lo? Ostenta algum tipo de arte corporal que atrai olhares, como piercings ou tatuagens? Possui o talento da sedução? Se pudesse escrever a história de sua vida, ela seria semelhante às obras de Henry Miller? Gosta dos filmes tensos e repletos de cenas

sensuais e de ação de Ridley Scott? Sua personalidade tem um aspecto taciturno? Já teve um número grande de parceiras sexuais? Se tivesse de escrever um livro, o título seria algo como "A arte da sedução: um guia intuitivo para conseguir o que deseja?"

9. Você é mestre em provocações inteligentes? *Astuto* é uma palavra que o descreve? É bem-sucedido no seu nicho de trabalho e gosta de viver bem com o dinheiro que ganha? Você se identifica com o humor de Woody Allen? Você se denominaria um *bon vivant*? É teimoso? Se, por exemplo, sua namorada não gostasse de chocolate, isso o incomodaria a ponto de questionar seu relacionamento com ela? Seu estilo é bastante clássico, favorecendo o uso de roupas simples, a preferência por música clássica ou jazz e por um estilo de design despojado? Você é este tipo?

10. Você se exercita regularmente em uma academia e tem bastante energia física? Parece ter menos idade, possui uma aparência jovial ou até mesmo pueril? Busca um relacionamento divertido e carinhoso e está menos preocupado em ter paixões ardentes? Escolhe empregos menos exigentes para que possa ter tempo para aproveitar seu estilo de vida simples, porém prazeroso? Sabe lidar bem com crianças, mas não é percebido como um sujeito paternal por causa de seu estilo jovem? Este tipo pode ser você.

DEFININDO SEU TIPO

11. Você se define, em grande parte, por seu estilo pessoal sombriamente elegante e talvez um tanto excêntrico? Admira as obras de Tim Burton, David Lynch, Edgar Allan Poe e outros com visões artísticas sombrias? A música de vanguarda ocupa um lugar muito importante em sua vida? Está preocupado em manter determinada aparência o tempo todo? É um pouco solitário? Sente-se mais à vontade à noite do que durante o dia? Gosta de cultivar uma aura de mistério?

12. Você presta atenção à moda de uma forma legal e sutil? Usaria um chapéu tipo "diplomata" com uma camisa de manga curta e gola com botões no evento certo? Você é conhecido por ter mudanças repentinas de humor? É tímido, mas se descontrai bastante após alguns drinques? Gosta de experimentar comidas exóticas e músicas diferentes? Acompanha de perto as últimas novidades na política e nas artes? Seu emprego diurno (ou noturno) é menos importante para você do que alguns passatempos particulares dos quais gosta? Em um relacionamento, procura alguém que o aceitará como é acima de quase tudo?

Se você se identifica com a primeira descrição, você é um **CENTAURO**.

Se você se identifica com a segunda descrição, você é um **ELFO DAS ÁRVORES**.

Se você se identifica com a terceira descrição, você é um **Elfo Urbano**.

Se você se identifica com a quarta descrição, você é um **Elfo de Jardim**.

Se você se identifica com a quinta descrição, você é um **Espírito da Floresta**.

Se você se identifica com a sexta descrição, você é um **Tritão**.

Se você se identifica com a sétima descrição, você é um **Gigante**.

Se você se identifica com a oitava descrição, você é um **Sátiro**.

Se você se identifica com a nona descrição, você é um **Gnomo**.

Se você se identifica com a décima descrição, você é um **Fauno**.

Se você se identifica com a décima primeira descrição, você é um **Vampiro**.

Se você se identifica com a décima segunda descrição, você é um **Lobisomem**.

Caso você tenha lido tudo isso e ainda assim não tenha se enquadrado em nenhum dos tipos, é provável que você seja uma combinação de padrões. Determinados tipos tendem a se combinar mais comumente do que outros, o suficiente para eu ter desenvolvido nomes especiais para tais combinações. Por exemplo, conheço muitas Sereias/Fadas, alcunhadas de Serfadas, e Ninfas da Floresta/Fadas, chamadas Ninfadas. Esses tipos combinados serão discutidos após as descrições dos tipos isolados.

Agora que já sabe qual é o seu tipo, pode seguir adiante e ler mais sobre você mesma e sobre os outros.

Os Tipos

Tipos Masculinos

CENTAURO: O ARTISTA

Os Centauros são uma combinação rara de habilidade intelectual e física, embora possam ser desleixados com o corpo e dar pouca importância à aparência. Frequentemente, ostentam barbas curtas, bem-aparadas, e usam trajes informais em vez de ternos. Alguns usam cabelo comprido; e, se forem um pouco vaidosos, será com o cuidado de seus cachos.

A contradição os define. São leitores ávidos e bastante cultos, mas não imunes aos prazeres sexuais. O Centauro costuma ser tímido, mas tem opiniões fortes. Ele pode encantá-la com suas atitudes gentis, mas, quando quiser algo, pode se tornar mal-humorado ou agressivo até conseguir o que deseja. Centauros podem ser sérios e engraçados. Têm um senso de humor sutil e malicioso que pode pegá-la desprevenida. Podem ser muito apaixonados, de um jeito romântico, embora essa mesma intensidade possa, algumas vezes, fazê-los carecer de tato e até mesmo levar a uma atitude agressiva. Um Centauro também pode fazer uma bagunça em sua casa, entrando com botas enlameadas; deixando pratos sujos na pia e bagunçando os lençóis de sua cama com seu entusiástico desempenho sexual.

Esse aspecto um tanto destrutivo do Centauro pode ser visto em seu habitat. Ele não é o habitante mais higiênico da floresta e sua residência normalmente está cheia de pilhas de roupas sujas, amontoados de contas, papéis e quaisquer materiais de que ele precise para suas atividades criativas. Há, em geral, algumas evidências de sua criatividade, sejam os quadros nas paredes; as esculturas que fez; os roteiros que escreveu; ou de músicas que gravou. Quando absorto em um projeto, perde completamente a noção de tempo. Pode se isolar em seu trabalho por dias e noites a fio e raramente percebe que deixou de dormir ou de comer. Alguns Centauros com menos propensão artística podem ser encontrados trabalhando em prestação de serviços — como na área de ensino ou em algum lugar ao ar livre. Estes também podem ficar totalmente absortos no trabalho.

Ao deixar estas sessões, o Centauro pode passar alguns dias bebendo e comendo em excesso. Ele tem um gosto especial por restaurantes charmosos e baratos, em lugares pequenos e desconhecidos, que servem comidas internacionais um pouco exóticas. Outro comportamento exagerado do Centauro se dá em sua inclinação a inúmeros encontros sexuais casuais.

Embora não tão promíscuos quanto os Sátiros ou tão distantes emocionalmente quanto os Elfos, os Centauros de fato tendem a separar o lado físico do intelecto; portanto, é difícil sustentar relacionamentos plenos e de longa duração com eles. No entanto, os Centauros levam a sexualidade a sério; e embora sejam capazes de separar o físico do emocional, fazê-lo pode deixá-los com a sensação de vazio e melancólicos, o que, por sua vez, os leva a se enterrarem no trabalho de novo.

Às vezes é difícil para os Centauros encontrarem um equilíbrio entre trabalho e diversão. No entanto, eles atingem sua melhor forma quando conseguem encontrar espaço em suas vidas para fazer refeições regulares, dormir bem e exercitar-se vigorosamente, enquanto continuam a se expressar por meio do trabalho. Ao contrário dos Elfos Urbanos e dos Elfos das Árvores, os quais fazem isso natural e espontaneamente, um Centauro pode precisar de um parceiro para ajudá-lo a conquistar esse equilíbrio. Se conseguem desviar o foco apaixonado de seu trabalho por tempo suficientemente longo, os Centauros, sobretudo aqueles em processo de amadurecimento, conseguem encontrar relacionamentos amorosos. No entanto, suas parceiras tendem a se sentir bastante desafiadas. Eles podem até não fugir com a próxima Ninfa que aparecer, mas não têm um compromisso tão forte com você quanto possuem com seus interesses criativos e intelectuais.

A explicação psicológica para o Centauro é que ele aprendeu a controlar o estresse ou a ansiedade por meio da dedicação ao trabalho, sobretudo ao trabalho criativo. É onde ele se sente mais seguro, vivo e em paz. As Ninfas da Floresta e as Fadas Uivantes em particular compreendem esse comportamento, uma vez que são muito semelhantes na forma como lidam com os transtornos em suas vidas. Se a parceira do Centauro for paciente com a necessidade dele de ficar sozinho e de trabalhar, ela conseguirá desfrutar de um relacionamento com uma criatura intensa, fascinante e apaixonada.

Quando está disposto a abandonar suas obrigações profissionais, o Centauro é um namorado muito atencioso. Em geral, ele planejará a noite, buscará você em casa, pagará um jantar em um bom lugar com boa vontade, embora um tanto barato, e desfrutará com prazer de encontros sexuais carinhosos e comunicativos com você. Perguntará como você se sente em relação a algum assunto, mas pode não ouvir sua resposta com atenção. Compartilhará algumas intimidades sobre ele, embora nem de longe tanto quanto um Elfo das Árvores ou um Gigante. Finalmente, ele pode encontrar uma forma de incluí-la em seu processo criativo escrevendo uma canção para você; trocando poesias por e-mail; trabalhando em conjunto em um roteiro cinematográfico; ou pintando seu retrato. Se você conseguir encantar um Centauro a ponto de ele incluí-la em seu trabalho dessa forma, conseguirá se aproximar mais dele do que por meio de qualquer outro método, e encontrará um jeito de acalmar seus humores um tanto instáveis.

Conheci um lindo Centauro, que me fascinou. Ele era mais jovem do que eu, com cabelos pretos longos e densos, olhos grandes e escuros e traços másculos e sensuais. Era alto e forte, embora ligeiramente fora de forma por causa de tantas horas passadas em um estúdio de gravação em vez de correndo nas montanhas. O que mais me atraiu foram seus dons criativos. Ele pegava qualquer instrumento e tocava. Sabia compor músicas e cantá-las lindamente. Eu disse o quanto achava maravilhoso seu comprometimento com a música. Ele respondeu: "Não tão lindo se você deseja ter um relacionamento íntimo comigo." Apesar desse alerta, eu me permiti me aproximar dele. A química foi elétrica, e havia uma doce ternura entre nós. Eu também me achava capaz de lidar com a paixão dele pela música, uma vez que tenho um relacionamento semelhante com a escrita. No entanto, um Centauro jovem e uma Ninfa em processo de amadurecimento podem ter dificuldades em se relacionar, apesar de seus interesses criativos semelhantes e da forte atração mútua.

Sempre terei um lugar especial em meu coração para os Centauros, termine eu ficando com um ou não. Isso porque meu pai foi um Centauro, e as Ninfas da Floresta costumam ter intensos relacionamentos com os pais. Ele foi um pintor extremamente criativo, que não estava particularmente interessado em se domesticar para constituir uma família até minha mãe fisgá-lo.

Ele me ensinou a me expressar criativamente, sem medo, culpa ou inibição. Embora fosse bastante amoroso, também se retraía, sobretudo quando estava com raiva. Essa também é uma característica do Centauro, e ela teve um efeito adverso sobre essa Ninfa. Ele morreu antes de eu amadurecer o suficiente para poder confrontá-lo com meus problemas, mas se tivesse conseguido ter tal conversa, ele teria me ouvido e me ajudado a chegar a uma solução. Os Centauros maduros são bastante capazes de lidar em profundidade com problemas de relacionamento se forem apenas levemente pressionados. Lembre-se disso quando estiver lidando com um. Em hipótese alguma seja autoritária — eles podem ficar na defensiva e se afastar.

ELFO DAS ÁRVORES: A CRIATURA DA NATUREZA

Os Elfos das Árvores ficam muito mais à vontade no campo do que nas cidades, e passam seu tempo livre fazendo caminhadas, praticando ioga, criando projetos de arte e se alimentando de forma saudável. Eles também amam música, e quando ela é desfrutada ao ar livre, como num festival no deserto ou no campo, os Elfos das Árvores não poderiam ficar mais felizes. Eles sabem muito sobre dietas, nutrição e exercícios, e são conhecidos por dar sugestões não solicitadas sobre esses assuntos para os amigos e seus amantes. Embora esse comportamento possa ser irritante para alguns, a maioria dos Elfos das Árvores possui uma forma muito charmosa de se comunicar. Eles são muito sociáveis e têm muitos amigos, de todos os diferentes tipos. O típico Elfo das Árvores se adapta bem a uma variedade de situações e é comumente benquisto. Quando se sente feliz e seguro — em geral, após se expressar criativamente, obter atenção sexual de diversas criaturas ou realizar atividades relaxantes como massagem ou ioga —, um Elfo das Árvores fica particularmente generoso, liberal, engraçado e agradável ao convívio. Muitas vezes ele habita um ambiente atraente e de aparência natural, com muita madeira, materiais orgânicos e plantas. Provavelmente, até estudou *feng shui* — tudo é posicionado cuidadosamente no lugar certo. Ele se cerca de bichos de estimação e de amigos.

Ao contrário dos Elfos Urbanos, que preferem um estilo metrossexual chique, os Elfos das Árvores preferem roupas largas e confortáveis. Embora possam parecer relaxados, eles são, na verdade, bastante vaidosos com relação à própria aparência. Raramente ostentam qualquer pelo facial e podem raspar a cabeça em vez de aceitar uma calvície incipiente.

Quando se sente ansioso ou triste, o Elfo das Árvores costuma se recolher dentro de si ou se tornar agressivamente extrovertido, buscando atenção a todo custo. Em contraste com sua personalidade pública, o Elfo das Árvores é, na realidade, um pouco inseguro, e precisa de muita validação.

Embora Elfos das Árvores sejam menos isentos de preconceitos, mais emocionalmente generosos e bem-sucedidos em estabelecer intimidade do que a maioria dos Elfos Urbanos, e tornem-se ainda melhores à medida que envelhecem, alguns deles sempre parecem elusivos e distantes, incapazes de se comprometer completamente com uma única criatura. A maioria dos Elfos das Árvores tem relacionamentos íntimos e fortes com suas mães e mais problemáticos com seus pais. Eles compreendem e apreciam profundamente as mulheres, mas podem não ter tido o melhor modelo masculino para lhes mostrar como manter relacionamentos estáveis. Tendem a temer compromissos, não porque no fundo tenham medo do abandono, tal como os Elfos Urbanos, mas porque possuem forte necessidade de se sentir livres e desimpedidos. Antes dos 40 anos de idade, os Elfos das Árvores podem ter problemas com a monogamia, mas, à medida que envelhecem, podem evoluir e se tornar parceiros leais e amorosos.

Os Elfos das Árvores costumam ser artísticos, e você também pode, algumas vezes, encontrá-los em atividades terapêuticas, trabalhando como massagistas, quiropráticos, acupunturistas ou em outros ramos da medicina alternativa. Eles se envolvem emocionalmente com seu trabalho e alguns conseguem ser bem-sucedidos, do ponto de vista financeiro, porém, a recusa em ceder ao conformismo pode dificultar o sucesso profissional. Eles podem, por sua vez, se sentir frustrados e inadequados por causa disso. Os Elfos das Árvores parecem não ter muito interesse pelo dinheiro e gostam de enfatizar que o único trabalho que consegue motivá-los é aquele que não comprometerá sua liberdade. No entanto, eles têm sua parcela de insegurança em relação à escolha de um estilo de vida pouco convencional e pouco seguro. Seus medos podem ter algo a ver com seus relacionamentos ambíguos com pais pouco confiáveis ou assertivos.

Tenho dois amigos que se encaixam na categoria Elfo das Árvores. Um é um músico e trabalha em uma loja de violões. Ele é um companheiro fiel, embora goste de flertar inocentemente e de estabelecer conexões intensas com muitas mulheres. Sua energia é bastante terapêutica e confortante, sem conotações sexuais. Ele adora abraçar amigas, massagear-lhes os ombros e dançar com elas, embora de uma forma um tanto desajeitada. Ao contrário dos Elfos Urbanos mais medrosos, ele gosta de acampar e de outras atividades ao ar livre. Sua concepção de férias perfeitas envolve levar alguém para o Burning Man Festival, onde pessoas acampam no deserto e criam a própria cidade autossustentável.

Meu outro amigo Elfo das Árvores também adora festivais ao ar livre, música, dança e espiritualidade, e gosta de explorar todas as artes terapêuticas. Faz tratamentos regulares com acupuntura e participa de cerimônias de purificação e de meditações coletivas. Passamos um dia juntos praticando ioga, tomando café da manhã em um restaurante orgânico no fundo de um desfiladeiro e visitando lojas de filhotes de cães.

"Podemos cheirar cãezinhos", ele me disse alegremente.

Fiquei um pouco surpresa com a escolha das palavras, mas, quando chegamos à loja, seguramos os peludos agitados e de coraçõezinhos acelerados e cheiramos seu doce perfume de bebê, compreendi o que ele queria dizer.

Em seguida, ele me levou para andar na praia e para uma caminhada nas montanhas, onde me mostrou um labirinto de meditação que construíra com rochas, assim como uma pedra em formato de vagina. (Os Elfos das Árvores são muito interessados na natureza e em sexo e, frequentemente, relacionam os dois, observando e comentando como as plantas e as pedras podem ter uma aparência sexual.) Esse Elfo das Árvores planejou o dia inteiro, me pegou em casa, dirigiu rapidamente de um local para outro e me divertiu com uma série quase ininterrupta de histórias maravilhosas. Ele não era tão bom ouvinte quanto um Elfo Urbano tende a ser, mas, quando eu encontrava um espaço para dizer algo, ele era sempre respeitoso e gentil em sua resposta.

OS TIPOS

Um Elfo das Árvores tem o potencial de se transformar em um Espírito da Floresta, parceiro protetor e zeloso. Na realidade, ele, provavelmente, acha que *é* um Espírito da Floresta, mas tem dificuldades naturais para se concentrar e é complexo demais, se não demasiadamente previsível, para se qualificar de fato em categorias de tipos sólidos (leia-se: enfadonho para uma Fada Uivante ou para uma Vampira).

Essa história diz tudo: uma vez, saí para jantar com duas outras Ninfas da Floresta e dois Elfos das Árvores. Eu estava lhes contando sobre cada tipo e explicando como os Espíritos da Floresta sempre fazem contato visual intenso com você. Enquanto ouviam, os Elfos das Árvores abriam os olhos, inconscientemente. Eles me fitavam enquanto eu falava. Tinham certeza de que eram Espíritos da Floresta. No entanto, assim que o jantar terminou, eles nos beijaram e abraçaram calorosamente e depois saíram em disparada pela noite, como fazem os Elfos das Árvores. Um Espírito da Floresta genuíno ficaria em casa com seu amor, atiçando o fogo da lareira. No entanto, ele, provavelmente, não teria tido uma conversa tão interessante diante de uma tigela de sopa missô, algas e sobá em um restaurante japonês bacana, seguido de uma noite agitada e suada de dança energética, juntinho, improvisando movimentos charmosos e sedutores com você.

Tive dois namorados sérios que eram Elfos das Árvores. Eles combinavam comigo na energia sexual e criativa, mas eram jovens na época e profissionalmente instáveis. Não estavam muito prontos para uma vida mais calma, e, embora achasse que eu estivesse, as Ninfas da Floresta também precisam de tempo para abraçar a estabilidade. Um Elfo das Árvores foi um companheiro especialmente bom para mim, exceto por não conseguir satisfazer minhas necessidades de manter conexões intensas o tempo inteiro — um traço das Ninfas da Floresta que precisa ser abrandado. Os Elfos das Árvores têm uma tendência natural de distribuir suas energias terapêuticas entre várias criaturas femininas. Se você é do tipo ciumenta (característica das Ninfas da Floresta e das Fadas Uivantes, em especial), atenção! Você pode enfrentar dificuldades para lidar com essa situação. Porém, lembre-se, os Elfos das Árvores têm a capacidade de ser verdadeiramente fiéis à medida que amadurecem.

ELFO URBANO: O CÉREBRO

Os Elfos Urbanos são criativos e hábeis no campo da tecnologia. Você pode encontrá-los empregados nas indústrias cinematográfica e publicitária, ou em outras profissões que envolvam tecnologia e arte. São trabalhadores árduos e conseguem se concentrar por longos períodos de tempo sentados à mesa de trabalho sob luzes fluorescentes —, embora sejam conhecidos por reclamarem de seus empregos —, em escritório e com horários rígidos, e por ansiarem por mais expressão criativa. Quanto mais criativo o campo em que estiverem, mais felizes tendem a ser. Em geral, um Elfo Urbano tem uma renda razoável e lida bem com o dinheiro, conseguindo pagar suas contas em dia e desfrutando de alguns dos prazeres mais refinados da vida. Costumam ser criaturas estilosas com gostos bem específicos e uma preferência por roupas e acessórios que acompanham as últimas tendências. Muitos usam as roupas como disfarce, optando por óculos de vanguarda, embora nem sempre bonitos, e sapatos grandes e chamativos. Na verdade, a cabeça raspada e os óculos modernos de armação retangular são a primeira indicação de que você pode estar na presença de um desses caras, sobretudo se ele estiver carregando um laptop e um copo de café da Starbucks. Embora dispostos a gastar dinheiro em um bom par de óculos, eles podem não ter uma poupança substancial e se preocupam tanto com dinheiro que tal preocupação pode lhes provocar indigestão. Não se esqueça disso quando eles hesitarem mais uma vez na hora em que a conta chegar. Eles não só ficam ansiosos em relação às suas carteiras; acreditam também, filosoficamente, que as criaturas femininas são seus iguais e, assim, talvez esperem que você pague sua parte. Suas filosofias são muito fixas, até mesmo rígidas, e eles tentam viver orientados por elas o máximo possível.

Uma noitada típica com um Elfo Urbano envolve assistir a um filme e trocar ideias em um café sobre as últimas notícias, as modas mais recentes, política, filosofia e por aí vai. Ele talvez não a leve para jantar fora porque tem um estômago sensível (o que explica o fato de os Elfos Urbanos serem bastante esbeltos normalmente) e mantém determinada reserva com relação a seus hábitos alimentares. Embora os Elfos se originem da floresta, a versão urbana está agora bem distante do mundo natural. Os Elfos Urbanos evitam encontros ao ar livre, no entanto, se você conseguir levar um para uma caminhada ou à praia, mesmo sob protesto, é possível que ele relaxe e revele um lado diferente da personalidade. Afinal, os Elfos nasceram para ser parte da natureza, e realmente deveriam retornar a ela de vez em quando.

Porém, se estiver tentando encontrar um Elfo Urbano, é mais provável que você o encontre, como o nome sugere, em uma cidade litorânea e não nos subúrbios de uma cidade ou nas zonas rurais. Procure-os em um café e não em uma caminhada. Na próxima vez que você sair para tomar um café, olhe ao redor; provavelmente, será capaz de identificar, pelo menos, alguns desses camaradas sentados com laptops e copos de *latte*. O habitat pessoal do Elfo Urbano costuma ser muito limpo e organizado, além de bem-equipado com tecnologia de ponta. Seu mundo também pode ter um aspecto lírico — um prédio de apartamentos com pátio, flores em algum lugar, iluminação romântica e natural. Afinal, apesar de sua adaptação à vida urbana, esse Elfo ainda está conectado com suas raízes na floresta.

Na cama, os Elfos Urbanos são travessos e brincalhões. Gostam de ficar acordados brincando a noite toda — você tem de acompanhá-los! Mas não espere que um Elfo Urbano passe a noite inteira em sua casa ou faça o café da manhã para você; ele prefere não ser visto à luz cruel do dia sem seus acessórios e indumentária completa. Muitas vezes, os Elfos Urbanos têm problemas para olhar você diretamente nos olhos (seus óculos modernos o ajudam a evitar essa experiência desconfortável — para ele) ou para dizer que acham você bonita. O mais próximo que comumente conseguem chegar é à palavra *engraçadinha*, que eles usam em qualquer situação, seja ela apropriada ou não. A demonstração de intimidade em público o faz se sentir estranho, e ele é capaz de passar anos sem um relacionamento sério. Embora possa aparentar prudência e calma em relação a eventos mundanos que talvez amedrontassem outras pessoas, o maior medo para o Elfo Urbano pode ser o do abandono. Provavelmente, ele já passou por algo semelhante e tem medo de que ocorra novamente. Devido à sua natureza extremamente sensível, ele desenvolveu uma proteção de distanciamento emocional, embora possa ser gentil e carinhoso.

Esse Elfo também está sempre disposto a explorar tipos diferentes de espiritualidade e pode falar de forma inteligente e intensa sobre questões espirituais. Simplesmente não espere que ele demonstre seus sentimentos verdadeiros por um longo tempo. Talvez seja difícil conhecê-lo profundamente, mas se você for paciente, a espera pode valer a pena.

O Elfo Urbano que namorei era muito tímido e volúvel, a princípio. Tivemos uma conversa ótima, que durou horas, mas pareceu que o tempo havia passado voando. No final, ele me deu um beijo rápido na bochecha e sumiu na noite. No encontro seguinte, ele me mostrou seu apartamento: um local arrumado, de bom gosto e com pouca mobília. Tinha uma grande coleção de música, com ênfase em rock alternativo clássico. Sua predileção era por Flaming Lips, Talking Heads e R.E.M. A geladeira estava quase vazia. Ele possuía uma impressionante coleção de sapatos da moda, que estavam arrumados em uma fila perfeita próxima à porta, para manter o piso limpo. Demos uns amassos, mas ele em momento algum tirou os óculos retangulares de grife. No terceiro encontro, fomos para a cama. Ele me surpreendeu com seu vigor e energia, embora eu sentisse certo distanciamento emocional. Quando o encontro terminou, ele calçou os sapatos e saiu de seu aconchegante apartamento para me levar até meu carro, mas me deu apenas um abraço rápido antes de desaparecer novamente. Ele nunca me ligou; em vez disso, me enviava torpedos ou e-mails. Convidei-o para museus, concertos, festas e eventos de danças, mas ele sempre recusava educadamente, preferindo passar o tempo comigo na própria casa dele. Nunca consegui saber o que ele de fato sentia. Saber que eu tinha filhos parecia deixá-lo nervoso. Apesar disso, gostei muito do Elfo Urbano. Porém, ainda estava me recuperando de meu Sátiro e logo fui envolvida por outro Sátiro; meu relacionamento com o Elfo acabou.

Após o interesse a longa distância pelo Sátiro, a quem nunca encontrei fisicamente, pensei novamente no Elfo e lamentei ter me afastado dele. Se ele tivesse sido mais comunicativo, e eu mais paciente, talvez tivéssemos sido um casal bem-ajustado. Ele era carinhoso, inteligente e criativo. E nos demos muito bem na cama. No entanto, após meu trauma com o primeiro Sátiro, eu, ao mesmo tempo, desejava e temia uma intimidade mais imediata, e, então, fui adiante.

ELFO DE JARDIM: A CRIATURA BONITA

O Elfo de Jardim é facilmente reconhecível, e ele gosta profundamente de ser identificado por seu tipo. Está sempre em boa condição física, impecavelmente elegante e mantém uma aparência jovem, mesmo após envelhecer. Sempre se veste com elegância, até se estiver apenas saindo para comprar um café com leite às 6 horas da manhã. Você nunca verá o esbelto corpo do Elfo malvestido, apesar dos riscos estilísticos que ele corre, e ele, certamente, notará qualquer erro no vestuário que você possa, inconscientemente, cometer. É provável que ele lhe diga isso, seja de forma direta ou talvez de uma forma mais passiva-agressiva. Ele não considera o comentário uma grosseria, apenas uma utilidade pública; do ponto de vista dele, seria como deixar você andar com pedaços de comida entre os dentes! A estética refinada do Elfo de Jardim se estende também ao seu ambiente, e ele, em geral, tem interesse em decorar sua moradia com esmero.

Pode gostar de clássicos modernos, *art déco*, do estilo retrô da década de 1950, ou vitoriana, mas, seja qual for o estilo que escolher, será exibido com cuidado e bom gosto. Assim como o Elfo Urbano, o Elfo de Jardim costuma preferir ambientes urbanos, porque precisa ficar próximo à cultura e sofisticação. No entanto, por ser um Elfo, seu coração responde à natureza, e ele precisa sempre ter plantas ou flores ao redor, mesmo que seja apenas uma jardineira na janela com cravos-de-defunto ou um buquê de girassóis comprado em loja. Ele adora receber flores de presente, mas não leve cravos tingidos artificialmente; ele nunca a deixará se esquecer disso.

De modo geral, os Elfos de Jardim trabalham em funções que lhes permitem usar seus talentos naturais de design e seu gosto sofisticado. Podem ser designers de moda, cabeleireiros, maquiadores, decoradores ou trabalhar no varejo. Você pode encontrá-los em inaugurações de galerias de arte discutindo as últimas tendências bebericando uma taça de vinho, ou em boates dançando a noite toda despreocupadamente. Alguns também podem acabar trabalhando em artes cênicas. Um certo tipo de conquistador de corações jovem pode se encaixar nessa categoria.

Um encontro com um Elfo de Jardim costuma envolver alguma atividade social, uma vez que eles gostam de estar cercados por outras pessoas, muitas vezes para exibir você, como um casal. No entanto, eles são sensíveis e podem se irritar com facilidade, e mostram suas melhores características em um ambiente tranquilo. Podem ter muitos amigos, mas apenas alguns são considerados íntimos. Em geral, seu companheiro é seu melhor e mais querido amigo. Quando há romance no ar, espere de um Elfo de Jardim carinho, atenção e sexo inspirado e ardente. Porém, eles podem permanecer um pouco emocionalmente distantes, similares aos seus equivalentes Urbanos.

Como pai, o Elfo de Jardim é extremamente consciencioso e carinhoso. Ele pode optar por não ter filhos por simplesmente saber o quanto as preocupações podem consumi-lo, mas, se superar esse medo, será, geralmente, um excelente e responsável pai.

Os Elfos de Jardim podem ser grandes amigos para qualquer tipo feminino — eles dirão a verdade sobre o seu cabelo e indicarão a cor que mais combina com você. Eles também são ótimos para trocar ideias sobre relacionamentos. Podem conversar com você ao telefone por horas quando outros tipos talvez se recusassem a fazê-lo. Sátiros, Centauros e Elfos Urbanos geralmente odeiam ficar grudados ao telefone, enquanto Gigantes e Elfos das Árvores gostam de fazê-lo, embora não tanto quanto os Elfos de Jardim. O senso de humor inteligente, às vezes sarcástico, fará você rir sempre, mesmo que seja à custa de outra pessoa.

O lado negativo do Elfo de Jardim é que, quando ele está chateado ou irritado, pode ser bastante desagradável. É importante não levar muito esses ataques para o lado pessoal; o Elfo de Jardim se considera um indivíduo bastante sensível e terá problemas em compreender por que você está tão ofendida com uma observação tão espontânea. Normalmente, ele perdoa insultos bem depressa; portanto, inspire-se nele e se esqueça de tudo o mais rapidamente possível.

Meu amigo Elfo de Jardim estava me ajudando a comprar um terno Chanel de segunda mão. Ele perguntou o tamanho de minha cintura, e quando eu respondi, exclamou, com uma voz horrorizada: "Sério?" Eu havia acabado de ter bebê e estava me sentindo um pouco insegura com relação à minha barriga.

Fiquei ofendida e lhe disse isso, o que, por sua vez, o insultou, afinal ele realmente não tivera a intenção de me ofender. Ele tentou fazer as pazes comigo enviando-me um vídeo de *Buffy — A Caça Vampiros*, mas fiquei tão chateada que demorei anos para perdoá-lo totalmente. As Ninfas são conhecidas por não esquecer facilmente, sobretudo se o insulto envolver sua aparência física ou sexualidade. Encontrei meu Elfo de Jardim no mercado, e ele foi tão charmoso e engraçado que me esqueci de que havia ficado zangada com ele e, desde então, tornamo-nos bons amigos mais uma vez.

ESPÍRITO DA FLORESTA: A CRIATURA FAMILIAR

Os Espíritos da Floresta podem ser companheiros carinhosos e protetores, e pais bons e confiáveis, quando sossegarem em um relacionamento. Geralmente, têm empregos bem-remunerados porque, embora não sejam extremamente talentosos no que fazem, outras criaturas gostam de tê-los por perto. Alguns podem ser narcisistas, sobretudo na juventude, mas nem todos são assim. Um aspecto menos encantador do Espírito da Floresta é que ele pode ser demasiadamente convencional e enfadonho para alguns tipos, sobretudo para as Ninfas da Floresta, Fadas Uivantes e Vampiras, que gostam de companheiros mais desafiadores. As Duendes e Fadas, por outro lado, são atraídas por ele como as mariposas por uma lâmpada.

Os Espíritos da Floresta costumam ser um pouco passivos no que tange a encontrar uma companheira, porque estão acostumados a ser perseguidos. Se você encontrar um, do qual goste, não se intimide. Arrisque-se e se aproxime dele com confiança. Você pode partir da pressuposição de que, embora ele receba bastante atenção, muitas mulheres o evitam completamente porque presumem que ele já seja comprometido. Ele gosta de mulheres ousadas, independentes e otimistas e, se não estiver interessado, não a rejeitará de uma maneira grosseira. Na realidade, ele a rejeitará tão elegantemente que seu ego sofrerá apenas um leve desconforto.

Um verdadeiro Espírito da Floresta planejará um encontro com você. Ele fica à vontade em ambientes naturais ou urbanos, nas multidões ou a sós com aquela que ama. Sutilmente, deixe-o saber do que você gosta e permita que acomode suas necessidades; ele agradecerá pela oportunidade.

Uma vez capturado e sossegado, um Espírito da Floresta levará comida para casa, acenderá o fogo na lareira e lerá uma história para adormecer as crianças antes de deitar na cama com você e desfrutar de uma prazerosa noite de sexo. É possível que os Espíritos da Floresta sejam arrebatados por outras criaturas agressivas, portanto, se envolver com um desses não é para os inseguros. No entanto, a autoestima geralmente alta dos Espíritos da Floresta os torna menos suscetíveis a buscar validação de muitas criaturas, e quando ele encontra o verdadeiro amor, normalmente costuma ser um parceiro muito leal.

Os Espíritos da Floresta são comumente produtos de casas bastante equilibradas, mas têm seus problemas, assim como todos os tipos. Podem ser cria de pais dominadores e mães narcisistas, mas, em geral, entram na fase adulta se sentindo amados e seguros. Mesmo que tenham problemas em casa, seu jeito afável os mantém cercados por amigos e conhecidos compreensivos.

OS TIPOS

Nunca namorei um Espírito da Floresta, mas muitas de minhas amigas se casaram com eles e formaram famílias. Embora atraente de muitas formas, o Espírito da Floresta não pode ser considerado uma criatura perfeita. Ele deixa pilhas de meias sujas pelo quarto. Atrai a atenção de muitas criaturas femininas, mesmo quando não está realmente tentando fazê-lo. Recusa-se a falar sobre o livro que seu grupo de leitura está lendo e odeia museus. Embora passe muito tempo com os filhos, nem sempre é o pai mais responsável do mundo. Sempre está planejando uma noitada com os amigos e larga as crianças com você, em casa, mesmo quando você realmente precisa de algum tempo sozinha.

Apesar dessas questões, os Espíritos da Floresta podem ser bastante atraentes. Meu amigo Espírito da Floresta favorito pode entrar em um recinto e conseguir fazer todos se sentirem felizes com seu caloroso e atencioso bom humor. Ele uma vez me contou que ouvira no noticiário uma pesquisa que informava que a felicidade é contagiosa e pode ser repassada a outras pessoas, até mesmo as totalmente desconhecidas. Essa é uma grande ideia para todos os tipos seguirem.

Se você estiver procurando exatamente por um Espírito da Floresta para formar uma família, lembre-se de que quase todos os outros tipos, sobretudo os Elfos das Árvores e os Centauros, podem se transformar em um, em circunstâncias apropriadas. Dito isso, não conte com essa transformação, uma vez que ela pode enganá-la, e não presuma que seu relacionamento com esse homem de família será isento de problemas. Os Espíritos da Floresta podem parecer demasiadamente egoístas ou simplesmente enfadonhos para determinados tipos.

TRITÕES: O CARA

Os Tritões são viris, fisicamente fortes e frequentemente protetores, do ponto de vista emocional. A convivência com eles é fácil devido à sua natureza afável e descontraída. Muitos tendem a ser liberais politicamente. Não são materialistas e podem viver felizes com muito pouco, contanto que tenham uma prancha de surf e o oceano, uma prancha de snowboard e uma encosta, ou até uma bicicleta e uma trilha ao ar livre nas redondezas. Já no aspecto negativo, o Tritão gosta tanto de relaxar que pode se tornar preguiçoso ou abusar de certas substâncias. Ele também é tão obcecado por suas atividades ao ar livre que pode negligenciar outros aspectos da vida. A água é comumente o elemento que mais o acalma e estimula, mas a natureza, em geral, tem um grande apelo para o Tritão, e pode ser difícil para sua parceira competir com ela pela atenção dele.

É fácil reconhecer os Tritões por causa de seus trajes informais, viris e próprios para o ar livre. Muitas vezes, eles têm uma aparência bem grosseira, pele bronzeada e cabelo clareado pelo sol.

Na maioria das vezes, o Tritão tem uma família aprobativa e carinhosa, e se relaciona bem com os pais. Ele também tem vários amigos, embora, muitas vezes, seja considerado um solitário. Pode escolher viver em casas flutuantes; tornar-se marinheiro e pescador; ou encontrar uma cabana na montanha, longe da cidade. Gosta de trabalhos que demandem atividade física e sejam pouco exigentes intelectual e emocionalmente — podendo fabricar ou consertar os equipamentos que usa em suas atividades de lazer.

Embora seja inteligente e bastante intuitivo, muitas vezes opta por não cultivar seu intelecto e intuição intensamente porque acha perturbador estar consciente do que outras criaturas estão sentindo. Em vez disso, ele pode entorpecer esse seu lado com álcool e maconha. Tritões sóbrios podem ter uma prática espiritual séria, ainda que excêntrica.

Embora não namorem de forma tão imprudente quanto os Sátiros, os Tritões também não estão particularmente interessados em formar uma família, pelo menos na juventude. Quando foca na busca de uma parceira, um Tritão deseja uma companheira forte e sensual, que compartilhe seus interesses. Ele é atraído por tipos que tenham tendências atléticas e não sejam muito materialistas, mas aprecia uma boa dose de feminilidade também. Em geral, é menos atraído por Elfas Urbanas intelectuais ou tipos imprevisíveis e misteriosos como Vampiras, Mulheres Lobisomens ou Fadas Uivantes, e pode não ser muito compatível com as Gigantas, menos ativas fisicamente, mas admira a feminilidade e a atração sexual de Ninfas, Fadas, Sereias, Duendes e Dríades, e a força física e a energia das Sílfides.

Os Tritões são pais amorosos, embora nem sempre sejam os tipos mais estáveis e confiáveis. Podem ser leais, mas também podem se dispersar facilmente. O mesmo se aplica às amizades. São bem-amados, porém, às vezes, não sustentam seu lado do relacionamento; sobretudo quando envolvidos pelo álcool ou pelos encantos da natureza.

Tive uma imensa atração por um Tritão/Espírito da Floresta (ou Água da Floresta) na adolescência. Eu o conheci em uma boate, e ele me convidou e as minhas amigas para sua festa. Era um piquenique completo na praia, com tochas de Tiki e barris de cerveja. Demos uns amassos na areia, e eu fiquei completamente encantada por seu sorriso luminoso, cabelo clareado pelo sol e corpo atlético. Ele até compareceu à festa de formatura comigo, e causou uma impressão e tanto em todas as criaturas femininas de minha turma. Quando entrei para a faculdade, conheci um Fauno cuja deslumbrante irmã Duende estava namorando esse mesmo Água da Floresta. Eles acabaram se casando e tendo muitos filhos, igualmente deslumbrantes. Na época, eu me culpei por não ser bonita o suficiente, mas é claro que nosso insucesso estava baseado em algo muito menos devastador do que isso — eu era uma Ninfa da Floresta; ela, uma Duende; ele, um Água da Floresta. Eu não era exatamente seu tipo. Eles foram feitos um para o outro.

Eu simplesmente ainda não havia aprendido o sistema de namoro mitológico!

GIGANTE: O CARA GENTIL

Gigantes normalmente são muito talentosos e bem-sucedidos na profissão que escolhem. De modo geral, são estáveis financeiramente e responsáveis. Destacam-se em empregos estimulantes de que gostem. Os Gigantes podem ser cientistas, escritores, músicos, pintores, diretores ou até produtores (embora geralmente sejam introvertidos demais para isso). Têm boa capacidade para trabalhar sozinhos ou em equipe e costumam ter um número pequeno de amigos bem íntimos. Embora possa ser um pouco introvertido, o Gigante é um anfitrião natural; é um bom cozinheiro ou pelo menos consegue fazer um churrasco gostoso, escolher a garrafa de vinho certa e, geralmente, criar um ambiente agradável para seus convidados.

OS TIPOS

O lar de um Gigante é um hábitat confuso, mas intrigante, muitas vezes localizado em uma cidade culturalmente sofisticada ou próximo a ela. Esquisitices belas, embora pouco práticas, ocupam todos os cantos. Muitos Gigantes passam boa parte de suas vidas vivendo sozinhos e sentem a necessidade de criar um ambiente protetor que reflita sua natureza feminina oculta, sobretudo quando temem jamais conseguir capturar uma Fada para ficar com eles. Suas coleções também podem ser inconscientemente planejadas como iscas para criaturas femininas — especialmente Fadas ou Ninfas da Floresta. Os ambientes dos Gigantes refletem seu gosto ligeiramente excêntrico porém refinado, o que pode não ficar evidente na forma como eles se vestem — podem ter pouca noção de estilo e precisar da orientação de uma Fada para ajudá-los a fazer escolhas nesse quesito.

O Gigante gosta muito de comer — sobretudo carne e doces — e de bebidas alcoólicas. Um encontro com um Gigante quase sempre envolve uma boa refeição em um restaurante simpático ou na casa dele. Ele também pode levá-la para assistir a uma peça de teatro, a uma sessão de leitura, a um concerto ou outro evento cultural. Os Gigantes gostam de frequentar museus, lojas de antiguidades e sebos alternativos. Adoram colecionar livros e, em geral, têm prateleiras abarrotadas de volumes empoeirados por autores que abrangem de Leon Tolstói a Dr. Seuss.

Gigantes não apenas são leitores ávidos; também gostam de compartilhar histórias pessoais sobre si e são ouvintes bons e atenciosos. Podem ser muito galanteadores — uma arte quase perdida que muitos dos outros tipos não cultivam. No entanto, se você não retribuir o amor de um Gigante, ele pode acabar a noite fazendo um beicinho implacável.

Os Gigantes são criaturas apaixonadas e adoráveis, mas não se sentem totalmente confortáveis com seus corpos, portanto, o sexo com eles pode ser desajeitado e, às vezes, previsível. Irão, no entanto, olhá-la nos olhos e não terão medo de dizer algo como: "Você é linda", "Estou me apaixonando por você" e "O que posso fazer por você?".

O Gigante não é particularmente interessado em ter filhos; ele pode preferir dar toda a sua atenção a uma companheira (e, por sua vez, receber toda a atenção dela). Se ele se vir no papel de pai, o Gigante costuma ser bem carinhoso e terno, embora um pouco confuso em relação às responsabilidades da paternidade.

Gigantes são muito mais vulneráveis emocionalmente do que podem parecer; então, lembre-se disso se um deles começar a se comportar de forma um pouco grosseira com você. Eles raramente serão ostensivamente maldosos, mas podem revelar uma agressão passiva de formas sutis se seus sentimentos forem feridos. Tendem mais à depressão do que à cólera e, muito provavelmente, se retrairão se estiverem aborrecidos. Um Gigante feliz e seguro é uma prazerosa companhia. Ele cobrirá você com presentes e se certificará de que suas necessidades sejam bem-atendidas.

Minhas experiências de namoro com Gigantes foram positivas, mas, no final das contas, frustrantes para ambos os lados. O primeiro Gigante que namorei me levou para um jantar maravilhoso em um lugar com jardim, em um desfiladeiro, com pétalas de rosas espalhadas e luzes de Natal, onde ele ingeriu enormes quantidades de carne e açúcar e finalizou com uma garrafa inteira de vinho, sozinho. Na casa dele, cheia de quadros de criaturas mitológicas e pedregulhos polidos de quartzo rosa e jade, ele tocou músicas maravilhosas de artistas femininas raivosas e me deu lindas fotografias que havia tirado e bugigangas que encontrara. Fiquei encantada e me senti segura na presença dele. No entanto, na cama, muitas vezes, os Gigantes são um pouco lentos e tímidos, enquanto as Ninfas da Floresta são... bem... Ninfas. As coisas não correram tão bem quanto gostaríamos e, de manhã, eu tinha um Gigante irritado deitado de costas ao meu lado, encarando o teto. Todavia, ainda sinto um imenso carinho por esse Gigante. Sei que ele seria um parceiro e marido maravilhoso para a criatura certa.

O segundo Gigante me encontrou para um café com uma imensa caixa de itens empoeirados reunidos em sua casa bagunçada. Havia um morcego hematófago empalhado em uma caixa de vidro, um guia astrológico diário para ambos os nossos signos, uma pedra de estimação, um guarda-chuva, um livro sobre centauros, o DVD de um filme que ele havia feito, uma fita com uma coletânea de músicas, um boneco do C-3PO e outros itens. Quando estávamos tomando café, deixei algo cair de minha bolsa e o Gigante galanteador precipitou-se para pegá-lo. Houve um instante de constrangimento quando ambos percebemos que era um absorvente feminino fino, mas ele imediatamente me deixou à vontade com uma brincadeira, exclamando: "Que lenço minúsculo, minha senhora!" Tivemos um encontro interessante, durante o qual ele me deu sugestões sobre minha carreira e sobre finanças de uma forma protetora. No entanto, não houve realmente uma química entre nós, e eu fiquei um pouco constrangida com os presentes. Terminamos o encontro sentindo afeição um pelo outro, mas ambos sabíamos que não nos veríamos dessa forma novamente.

Tenho um amigo Gigante que vive sozinho em uma linda casa, com um jardim romântico. Ele trabalha em um escritório, mas passa grande parte do tempo escrevendo histórias de ficção científica em uma antiga máquina de escrever, tirando lindas fotografias e tocando guitarra. Possui muitas amigas virtuais que costumam lhe confessar suas tristezas, e ele sempre demonstra compaixão, embora, às vezes, a tristeza alheia possa ser demais para ele tolerar. Gigantes devem estar cientes dessa tendência para atrair indivíduos necessitados, e encontrar formas de se proteger para não serem envolvidos por tais necessidades.

SÁTIRO: SR. SEXO

Os Sátiros são, talvez, um dos habitantes mais atraentes, porém mais desafiadores, da floresta. Pode-se, às vezes, reconhecê-los por seu olhar intenso e seus corpos atléticos e magros. Frequentemente, usam cavanhaques e exibem tatuagens. Às vezes, usarão o cabelo em estilos que chamem a atenção, tais como *dreadlocks* ou moicanos. Suas roupas podem ser informais ou da última moda, mas, seja o que for que vistam, tudo é intencional e planejado para atrair. Até mesmo uma calça jeans e uma camiseta são cuidadosamente selecionadas — o corte correto da calça jeans, a logomarca certa na camiseta — para dizer "sensual e moderno".

Sátiros são elegantes, calmos e controlados, mas podem se tornar extrovertidos após alguns drinques ou talvez um pouco de maconha, ambos apreciados por eles. Mesmo quando sóbrios, sempre é possível sentir um estrondo sob a superfície. Sua energia sensual os permeia e, quando liberada, cuidado. No entanto, não espere prender uma dessas criaturas. Sátiros são sexualmente sedutores ao extremo. Sabem exatamente o que querem na cama, e como consegui-lo. Cuidado com esses caras da floresta se você estiver procurando sossego, em uma cabana simpática, por longo prazo, mas brinque com eles se estiver enfadada, sozinha e bastante segura para aguentar quando eles, inevitavelmente, fugirem floresta afora.

A maior parte do estilo de vida dos Sátiros se desenvolveu inconscientemente em torno da satisfação sexual. Eles podem gravitar em direção a determinadas profissões que proporcionam acesso a parceiras potenciais. Muitos Sátiros são músicos de rock, atores ou atletas, embora fotógrafos e artistas, às vezes, se encaixem nessa categoria também. Eles escolherão carros, roupas, corte de cabelo, música e até o que leem, assistem e comem com a ideia consciente, ou até inconsciente, de que podem atrair mais companheiras, assim como satisfazer suas inclinações sensuais. Seja qual for seu orçamento, os ambientes em que vivem colocam enorme ênfase em uma cama grande e confortável, geralmente com uma cabeceira que pode ser usada como alavanca durante o sexo, e o maior computador, televisão e sistema de som que possam comprar. Geralmente, têm cozinhas pequenas e armários cheios de bebidas alcóolicas. Suas paredes podem estar repletas de arte gráfica. Mas embora Sátiros possam parecer seguidores da moda, são tão consumidos por conquistas sexuais que, além de sua sensualidade inata, podem não saber mais qual é o seu verdadeiro gosto. O aspecto mais confuso com relação aos Sátiros é como eles podem convencê-la, e a si mesmos, de que seus sentimentos por você são profundos e não apenas sexuais. Podem dizer coisas como "Amo você" com facilidade e sem remorso. De fato acreditam nisso naquele momento, então, podem ser muito convincentes, sobretudo para os tipos menos cínicos e mais crédulos, como as Dríades, ou para qualquer tipo que tenda a ser mais insegura, como as Ninfas da Floresta. Na verdade, todo esse comportamento predatório é apenas uma defesa contra aquilo que um Sátiro diz que precisa, mas realmente mais teme — espaço. Ele usará a desculpa de que "necessita de espaço" (ele de fato faz uso deste clichê com frequência) para passar de uma companheira a outra, ou afastar as pessoas amadas com comportamento grosseiro, quando na verdade morre de medo de envelhecer e de ser abandonado. Ele responde aos sentimentos de estresse, tristeza e até mesmo de empolgação buscando mais uma criatura para seduzir em vez de parar para examinar seus sentimentos mais profundos.

Você pode encontrar Sátiros em concertos de rock, pistas de skate, eventos esportivos, lançamentos de filmes — em qualquer lugar onde houver agitação e uma multidão de criaturas atraentes. Um encontro perfeito para um Sátiro? De fato não interessa para ele o que você faz, contanto que termine onde ele quer: na cama.

Minha avaliação desse tipo pode ser muito severa, mas os Sátiros têm algumas qualidades muito atraentes. Alguns podem ser pais dedicados, uma vez que consideram os filhos extensões diretas deles mesmos, e seu narcisismo natural estimula um comportamento paterno atencioso, embora um tanto indulgente. Normalmente, são egoístas demais para serem amigos muito dedicados, mas sempre são convidados interessantes e até mesmo entusiasmados em festas. Por vezes eles se ligarão intimamente a um ou dois outros Sátiros, com quem possam trocar histórias sobre as carências das Ninfas da Floresta e a emotividade das Fadas Uivantes. Como amantes, conseguem ser tão charmosos, sensuais e sedutores que, apesar da dor que possam lhe causar, a relação com eles pode valer a pena. Há possibilidade de o relacionamento funcionar se você permanecer alerta e não esperar obter algo do relacionamento que eles são incapazes de estabelecer. Há também uma chance de eles se envolverem em um tipo de combinação mais estável, mas pode ser perigoso contar com isso. Se estiver esperando que essa situação aconteça e tentar forçá-la, você pode acabar sofrendo uma grande decepção e muita dor.

Fiquei encantada com um Sátiro que dançou comigo freneticamente e, depois, quando a música desacelerou, ficou à minha frente, enlaçou meus braços em torno dele e colocou minha mão em seu palpitante coração. Permanecemos assim por um longo tempo, e quando acabou, foi difícil esquecer a experiência (as Ninfas da Floresta e as Dríades em particular respondem intensamente a gestos como esse). Acreditei que aquele gesto significava mais do que o Sátiro pensava; ele estava simplesmente seguindo sua natureza. Um Sátiro genuíno, ou até mesmo um imaturo Elfo das Árvores, pode nunca chegar a compreender a influência que tem. "Não é como se eu tivesse colocado a mão dela em meu pau latejante!", ele diria para si, sentindo-se perfeitamente justificado em relação à coisa toda.

Após namorar o Elfo Urbano, eu me correspondi via e-mail com um Sátiro que morava em outro estado. Ele me enviava poesias, vídeos musicais e fotografias dele nu, inclusive uma de seu traseiro musculoso e outra de seus pés, com os quais ele parecia ser muito vaidoso. Era apaixonado e entusiasmado, telefonava e me enviava mensagens de texto o dia inteiro e até tarde da noite. Esse Sátiro prometeu me visitar, mas depois desapareceu completamente. Quando finalmente consegui contatá-lo, dias antes de sua visita planejada, perguntei se havia conhecido alguém novo. Ele admitiu que sim; conversamos por um minuto mais; depois, desligamos, e esse foi o fim de tudo. Os Sátiros odeiam conflitos, e a excluirão completamente de suas vidas quando tiverem terminado com você.

Meu segundo Sátiro da internet tinha 50 e poucos anos, e apesar de seu cavanhaque e tatuagens enganadores, havia amadurecido a ponto de superar a dramaticidade típica do Sátiro jovem. Em nosso primeiro encontro, ele me convidou para jantar com um grupo de amigos dele em um restaurante japonês. Todos se embebedaram de saquê e devoraram peixe cru. O Sátiro flertou comigo impiedosamente, mas quando flertei também em um e-mail no dia seguinte, ele me disse que tratava os desejos sexuais com cautela porque eles só geravam dor, e que procurava apenas uma amiga. Visitei-o uma vez mais em sua casa, a qual tinha uma academia de ginástica, uma sala de projeção de filmes e um banheiro vermelho vivo. Havia canetas hidrográficas em um copo no toalete para que as visitas pudessem rabiscar as paredes. Tremi de frio durante um filme chinês de péssima qualidade. Quando estava me despedindo, o cabideiro caiu em cima de mim. O Sátiro disse: "Fico pensando se isso não é um sinal." Trocamos alguns e-mails mais, porém não deu em nada. Por esse Sátiro haver aprendido a controlar seus impulsos sexuais (pelo menos até encontrar uma criatura feminina que o atraísse mais — soube alguns meses depois que ele estava namorando uma Duende bem jovem), não havia muito mais para fazermos juntos, mas sou grata por ele ter me poupado da dor à qual tão corretamente aludira.

Meu namorado Sátiro, aquele que precedeu todos os meus namoros na internet, foi divertido durante um ano, até uma noite em que, em um concerto ao ar livre, outra Ninfa começou a rebolar seu traseiro para ele. Ele se envolveu com ela e me ignorou. Minha natureza Ninfa queria afastá-lo e mandar que ela caísse fora, mas me controlei e gentilmente coloquei minha mão no braço dele. Quando ele continuou a me ignorar, fiquei muito chateada e comuniquei que estava indo embora. Ele respondeu com um adeus frio. Eu vivia um tremendo estresse naquela época, tentava comprar uma casa (as Ninfas gostam da segurança de uma moradia bonita com árvores, flores e água ao redor dela), então, reagi de forma exagerada, até mesmo para meu tipo. Caí chorando nos braços de minhas amigas — uma Fada, uma Sereia e uma Dríade. Elas me consolaram e disseram para eu não me aproximar dele até que estivesse mais calma. Felizmente não fui consolada por outra Ninfa ou por uma Fada Uivante, que, provavelmente, teriam me dito para mandar o Sátiro e sua nova parceira de dança para aquele lugar. Quando me acalmei, eu o procurei novamente, para abraçá-lo e dar um adeus simpático. Ele não deixou que eu me aproximasse e disse, friamente: "Achei que você já tivesse ido embora." Esse foi, basicamente, o fim de nosso relacionamento. Quando penso nele, vejo que foi traumático, na época, mas agora compreendo que essa situação é bastante comum entre uma Ninfa da Floresta e um Sátiro. Um Sátiro pode não parecer furioso ou irritado, mas, mesmo assim, ele adora esse tipo de drama.

GNOMO: SR. SABE-TUDO

Esses amigos da floresta são inteligentes e costumam ser muito bem-sucedidos em suas carreiras. Finanças, advocacia e imóveis são campos que atraem os Gnomos e nos quais eles geralmente sobressaem. Costumam ter uma aparência comum e se vestem com elegantes roupas de trabalho convencionais ou informais. Frequentemente, andam depressa, e falam um pouco alto. Vivem em ambientes agradáveis e gostam do que a vida tem a oferecer, embora o trabalho e a vontade de ser bem-sucedido possam consumi-los e impedir que apreciem totalmente o momento. Apesar de serem muito disciplinados no trabalho, não são tanto quando se trata de fazer exercícios físicos e comer. Gnomos preferem dispensar a esteira ergométrica e relaxar com um chocolate após um longo dia de trabalho, mas seu perfeccionismo os mantém razoavelmente diligentes.

Mesmo com o foco no trabalho, o Gnomo também valoriza a ideia de família e pode ser um pai muito presente. Embora sejam, por vezes, controladores, amam profundamente sua prole e fariam quase tudo por ela. São seletivos em relação às amizades, mas igualmente dedicados aos amigos íntimos.

Os Gnomos escondem uma natureza sensível por baixo de uma personalidade difícil e ligeiramente sarcástica, que pode ser irritante, mas pode ajudá-los a conseguir o que desejam no mundo profissional. Quando fica ansioso, um Gnomo pode ser bastante grosseiro e ofensivo. Algumas vezes, ele irá insultá-la tão inconscientemente que, se você lhe chamar a atenção pelo ocorrido, ele ficará genuinamente chocado por acreditar que estava sendo solidário. Na realidade, ele ficará ofendido por você ter se ofendido, e você pode vir a se envolver em uma intensa briga. Muitos Gnomos tiveram relacionamentos difíceis com suas mães e podem, em geral, desconfiar das mulheres. Podem dedicar tempo considerável reclamando da forma como foram tratados na infância. Se eles se sentiram mal compreendidos, ignorados e insultados, podem passar a vida adulta tentando se compensar por tais tratamentos. Esse autoconhecimento é uma característica positiva, mas pode se tornar um pouco indulgente. Alguns Gnomos podem nunca conseguir superar essas questões de baixa autoestima e agirão constantemente de forma grosseira, crítica e sarcástica com suas parceiras. Porém, se seu Gnomo se sente cuidado, ele a fará rir com seus comentários inteligentes e pode ser um companheiro leal e um bom provedor. Ele também é muito mais romântico do que parece, e sabe o valor que têm cartões de felicitações, flores e, certamente, uma caixa de chocolates.

Se você se sentir muito atraída por um Gnomo, experimente encontrá-lo para fazer alguma atividade agradável ao ar livre, como caminhar na praia. Encontros para almoçar ou jantar também são bons, embora o Gnomo possa passar bastante tempo falando sobre o peso e a saúde dele ou, muito possivelmente, sobre o seu peso e a sua saúde!

Dois de meus encontros com Gnomos foram breves. No início, eles mantiveram seus óculos escuros e contaram piadas nervosas. Ambos reclamaram das mães, que não lhes deram afeto e não os aceitaram, como eles precisavam, na infância. Na hora de ir embora, ambos me deram abraços afáveis, porém ansiosos, e se foram, sem nenhuma intenção de entrar em contato novamente no futuro.

Outro Gnomo foi grosseiro e até mesmo combativo ao telefone, zombando de mim sarcasticamente, mas, quando nos encontramos pessoalmente, foi muito generoso e protetor. Elegantemente, me deixou escolher o restaurante, pagou o jantar e, em seguida, comprou uma lata de sorvete de chocolate para compartilharmos na minha cozinha.

Senti-me à vontade com esse Gnomo e lhe contei uma história sobre uma experiência espiritual que tivera, na qual meu pai aparecera para mim como um cavalo branco no dia de sua morte. O Gnomo tentou argumentar que não havia nada após a morte.

— Essa é a beleza dela — disse ele. — Tudo que temos é o agora.

Apreciei essa última ideia, mas mesmo assim senti que ele me dispensara grosseiramente, e meus sentimentos de Ninfa foram magoados. Discutimos um pouco até ele parar e segurar meus punhos.

— São tão pequenos — disse gentilmente, acariciando-os.

Por um momento percebi que eu me importava menos com o tipo no qual ele se encaixava, ou até com suas crenças espirituais, e mais com essa ligação forte pela qual eu tanto ansiava. No entanto, quando voltou, no dia seguinte, para me levar a um museu, ele estava bastante mal-humorado e sarcástico. Disse-me que eu parecia cansada, ferindo meus sentimentos mais uma vez. Ele me repreendeu por eu não saber nada sobre um músico popular. Infelizmente, apesar de nosso doce momento de conexão, esse relacionamento também estava fadado ao insucesso.

FAUNO: O ETERNO JOVEM

Os Faunos são bastante tímidos, mas também podem ser extrovertidos, sobretudo após alguns drinques, e eles os apreciam bastante. Na realidade, todos os prazeres sensuais — inclusive comer, beber e beijar — agradam aos Faunos; no entanto, eles tendem a adotar comportamentos compulsivos e precisam se vigiar. O lado positivo disso é que os Faunos podem ser muito disciplinados quando determinados a realizar algo e são capazes de abrir mão de seus vícios ou, pelo menos, de substituí-los por outros, mais saudáveis, tais como exercícios físicos. Eles costumam ser um pouco vaidosos, o que os leva a se exercitarem com frequência; a prestar atenção ao que comem e a dedicar grande atenção à aparência. A barba sempre bem-feita e o uso de hidratantes de qualidade lhes confere uma aparência jovem. São geralmente muito criativos, embora um pouco preguiçosos. Outro fato interessante sobre os Faunos é que eles parecem ser bastante passivos, mas quando enfurecidos ou irritados podem se retrair de forma agressiva ou simplesmente ficar agressivos, até conseguirem o que querem. Sua natureza teimosa não é óbvia, a princípio. Faunos são companhias divertidas e travessas e podem demonstrar afeição a homens e mulheres; no entanto, podem ter pouco interesse por sexo. Muitas vezes compensam esse desinteresse com sua aparência atraente e natureza doce, dependendo do que seja importante para você, é claro.

Os Faunos não costumam ser muito orientados para a carreira e podem não saber o que desejam fazer quando "crescerem", não importando a idade. Podem escolher trabalhos como personal trainers, consultores ou garçons profissionais de forma a desfrutar de atividades físicas e da luz solar (eles são mais felizes em climas quentes) e evitar empregos em escritórios com horários rígidos, sob luz fluorescente pouco agradável. Às vezes, esses horários mais livres permitem que eles se engajem em atividades mais criativas. Felizmente, Faunos não são muito materialistas e não sentem a mesma necessidade de atrair os outros com seus bens, da forma como fazem os Sátiros; logo, suas escolhas profissionais menos lucrativas, caso sejam prazerosas o suficiente, já os satisfazem. É imperativo que evitem situações estressantes uma vez que elas costumam levá-los aos vícios caso optem por usar substâncias tóxicas como forma de compensação.

Por não precisarem de muito conforto material, confiando mais nos confortos carnais e emocionais, os Faunos não se importam em viver em espaços pequenos, contanto que tenham seu liquidificador, sua cafeteira, televisão, seu aparelho de DVD, tênis de corrida e halteres. Vestem-se com trajes informais e esportivos, mas reconhecem a importância de manter uma aparência elegante e moderna. A maioria não tem um terno ou uma gravata, e quando os tem, eles os reservam para ocasiões especiais. Amam a atenção que recebem nessas raras demonstrações de elegância.

Faunos podem ser pais surpreendentemente bons, devido à capacidade de identificação com seu lado infantil. No entanto, são um pouco menos hábeis nos relacionamentos românticos, devido à ambiguidade sexual e ao fato de se sentirem vulneráveis diante de intimidades desse tipo. Ao contrário dos Elfos das Árvores, eles não gostam de discutir questões pessoais, embora sejam muito melhores ouvintes do que os Elfos. Frequentemente, preferem ficar sozinhos, e podem facilmente se tornar muito isolados. Os medos do Fauno estão mais relacionados ao envelhecimento do que à solidão. Às vezes, esse temor estimula comportamentos bastante egoístas, pois eles dedicam muito tempo e energia para parecer e se sentir jovens.

Quase o tempo todo, meu namorado Fauno era muito doce. Tratava-me com carinho e estava atento às minhas necessidades emocionais e físicas, embora tivesse problemas financeiros, característica comum a muitos Faunos. Nossos desentendimentos principais aconteciam na cama. Embora fosse um amante incrivelmente generoso (fato comum com seu tipo), o Fauno tinha problemas em satisfazer suas necessidades sexuais com uma companheira no quarto e se satisfazia melhor sozinho, o que criava grande tensão, sobretudo da minha parte, uma vez que as Ninfas da Floresta, infelizmente, elevam bastante sua autoestima por meio da sexualidade e capacidade de satisfazer seus companheiros.

Os Faunos são excelentes companheiros. Podem ser tão sensíveis e atenciosos quanto uma amiga. Prestam atenção em mudanças no seu corte de cabelo e no seu humor, e quando você discute as nuances de relacionamentos ou doenças físicas. Ao mesmo tempo, podem ser bem masculinos e protetores. Embora eu não combine bem com Faunos no aspecto romântico de um relacionamento, valorizo a amizade e a solidariedade deles.

VAMPIRO: O PROVOCADOR

Algumas criaturas gostam de enfatizar seu tipo em vez de minimizar sua importância. Enquanto os Faunos ficam mais à vontade na multidão, e os Lobisomens tentando ativamente mascarar determinadas facetas de sua personalidade, alguns tipos — como os Sátiros, Elfos de Jardim, Elfos das Árvores e Elfos Urbanos — gostam de se exibir no corte do cabelo, nas roupas e na maneira geral de se comportar em situações públicas.

Os Vampiros têm um orgulho especial de seu tipo. Assim como os Sátiros, eles são bastante narcisistas e não se perturbam por afugentarem potenciais namoradas com sua reputação. A diferença é que o Sátiro não acredita honestamente que haja algo que ele deva alterar em seu tipo, enquanto o Vampiro se diverte com a perigosa mitologia que o antecede.

Tudo que um Vampiro faz, reflete sua mitologia. Ele prefere viver em ambientes dramáticos e excêntricos. Mesmo que não tenha muito dinheiro, usará sua engenhosidade para criar uma atmosfera de mistério. Gosta de ocupações fascinantes, mas se não consegue encontrar o emprego dos sonhos, aceitará trabalhar em um laboratório fotográfico ou em um restaurante sombrio, qualquer lugar em que o sol não brilhe muito. Veste roupas bastante dramáticas, geralmente pretas, e não tem medo de um corte de cabelo ou de uma tatuagem exuberantes. Faz questão de ouvir músicas extravagantes, assistir a filmes de horror, ler literatura fantástica, misteriosa, e deixar que você saiba disso. Na cama, geralmente, gosta de experimentar excentricidades clássicas (pense em algemas, coleiras e roupas do sexo oposto), até mesmo se ele ficar igualmente feliz com um encontro mais convencional. Se adicionar um pouco de cordas e roupas exóticas, ele estará alimentando sua reputação como um tipo de vanguarda.

No caso dos Vampiros, mais do que em outros tipos, pode ser difícil detectar a criatura individual sob o arquétipo. Em geral, eles estruturam sua personalidade como uma forma de dissimular qualquer vulnerabilidade em sua psique. Muitos deles foram

OS TIPOS

criados em famílias conservadoras de classe média que não compreendiam ou não apreciaram sua natureza excêntrica e criativa. Uma vez que a maioria deles tende a ser, no fundo, introvertida, apesar da inclinação para as artes cênicas, eles usam a aparência física e o trabalho para exibir sua natureza rebelde em vez de se rebelarem de um jeito mais ativo, como os Sátiros tendem a fazer.

Raramente vi em primeira mão um Vampiro desempenhando o papel de pai ou de marido, embora existam alguns que o fazem com sucesso. No entanto, o Vampiro tende a colocar seus interesses artísticos, sua imagem e seus desejos românticos acima das responsabilidades dos relacionamentos convencionais. À medida que amadurece, ele pode aplacar seus grandes objetos de desejo e manter o romance por muitos anos, como o artista surrealista Salvador Dalí fez com sua mulher, Gala. Um Vampiro também pode escolher procriar e ser um pai apaixonado, embora raramente interessado em ter muitos filhos, que competirão com seus outros interesses.

Conheci um Vampiro em uma cafeteria, em um dia ensolarado. Ele manteve os óculos escuros no rosto a maior parte do tempo, e pareceu irritado com a luz. Tinha caninos salientes; pele muito pálida e jovem e lábios bem vermelhos, quase como se estivesse usando batom. A fotografia que usara em seu perfil on-line havia sido tirada dez anos antes, e embora não tivesse envelhecido muito, parecia bem mais atraente na fotografia do que na vida real. Conversamos sobre Jean Cocteau, Tim Burton e sobre a banda Dead Can Dance. Ele falou sobre seu trabalho como cinegrafista em diversos projetos interessantes. Vampiros têm gosto sofisticado para as artes, isso me fascina. No entanto, de alguma forma, ele era emocionalmente distante. Não me encarava, ria nervosamente e se remexeu o tempo todo do encontro. Embora tenha pagado meu chá, mostrou-se irritado quando recebeu a conta. Ele me contou um tanto orgulhosamente que tinha sido viciado em diversas substâncias tóxicas, e ainda fumava cigarros. Dava para sentir o cheiro de cigarro nele e ver as manchas em seus dentes. Ele tinha mãos longas e brancas, unhas grandes e afiadas, que me deixaram desconfortável. Em suma, eu tinha a certeza de que ele não era o par perfeito para mim, e seguimos nossos caminhos distintos com um suspiro de alívio.

LOBISOMEM: O ENIGMA

Os Lobisomens costumam ser bastante charmosos e atraentes, embora um pouco tímidos. É fácil confundi-los com um Fauno, embora tenham uma aparência mais austera. São inteligentes e cultos. Mantêm-se bem-informados sobre tudo que acontece no mundo. Você pode se envolver em longas e interessantes conversas com eles, que têm uma capacidade surpreendente de encontrar formas divertidas de passar o tempo com você. Um Lobisomem é uma criatura da noite e conhece todos os melhores bares, restaurantes e boates. Eles, normalmente, mantêm empregos estáveis em escritórios ou em outros locais relativamente tranquilos. Esse trabalho paga o aluguel, embora seus lares sejam frequentemente pequenos e apertados. Os Lobisomens se vestem com um estilo um pouco excêntrico. Costumam comprar em lojas de segunda mão e torcer o nariz para lojas convencionais. O traje de um Lobisomem típico consiste em calças jeans, camisa de botões por cima de uma camiseta, sapatos ou botas rústicas, algum tipo de casaco moderno e, possivelmente, um chapéu estilo "diplomata", ou outro modelo interessante.

Essas criaturas são capazes de manter amizades e de ter muitos conhecidos ocasionais para sair e se divertir, embora raramente deixem alguém se aproximar muito deles. Se de fato você conseguir se aproximar de um, ele será amoroso e até mesmo reverente em seu comportamento... por algum tempo. No entanto, o problema começa quando os Lobisomens decidem abusar de drogas ou álcool. Por causa de sua personalidade solitária, natureza irritável e propensão a passar tempo em bares e festas, eles, frequentemente, têm oportunidades para exagerar. Quando isso ocorre, sua personalidade pode mudar repentinamente, de forma imprevisível. Alguns Lobisomens podem até mesmo mudar sem abuso de substâncias tóxicas. Você pode estar em meio a uma conversa perfeitamente cordial com um deles e, de repente, ele tem um acesso de raiva sobre algo insignificante. Por exemplo, os Lobisomens facilmente se irritam com criaturas que são menos informadas do que eles. Podem ficar impacientes com qualquer pequeno sinal de fraqueza. Podem, também, interpretar uma afirmação totalmente inocente como um insulto. Tenha cuidado com os Lobisomens. Se optar por se envolver com um, terá de tolerar muitos desafios; contudo, não é impossível superá-los.

Se um Lobisomem ficar irritado, tente falar calma e racionalmente com ele. Tranquilize-o de que não está tentando insultá-lo e tente não levar o que ele diz para o lado pessoal. Atenha-se aos fatos da situação e não introduza qualquer subtexto emocional. Posso ilustrar melhor o Lobisomem por meio de uma história.

Marquei um encontro com meu Lobisomem em uma cafeteria da moda. Seu cabelo estava ficando grisalho, ele tinha barba rala e seu rosto era muito bonito. Vestia um casaco longo de lã preta e sapatos gastos.

O Lobisomem tinha uma voz macia, bem-modulada, e manteve uma distância respeitável de mim. Admirou as fotografias de meus filhos em minha carteira. Parecia ligeiramente desorientado e explicou que havia acabado de acordar, pois geralmente trabalhava a noite inteira e dormia durante o dia. Enquanto falava, de forma incoerente, sobre cantores obscuros, filmes experimentais e seus projetos de arte, decidi convidá-lo para uma festa que eu iria naquela noite. Ele perguntou se eu me sentiria mais à vontade se o encontrasse lá ou se fôssemos juntos, decidi levá-lo, pois ele parecia charmoso e inofensivo.

A caminho da festa, o Lobisomem me guiou educadamente; conhecia muito bem as ruas à noite. Falou um pouco sobre sua infância, confessando nervosamente que fora criado como um mórmon austero (potencialmente muito traumático para um Lobisomem, mas eu ainda não sabia que ele era um), e embora tivesse rejeitado a religião, os princípios dela ainda pareciam ter grande influência sobre ele. Também me fez muitas perguntas sobre meus livros e sobre minhas experiências como mãe. Fiquei impressionada, sobretudo porque Sátiros e Centauros — os dois tipos pelos quais eu havia me sentido atraída recentemente — são egocêntricos e raramente se interessam por tais coisas.

Ao chegarmos à festa — um acontecimento boêmio no quintal de uma charmosa casa da década de 1940 — o Lobisomem começou a beber. O primeiro drinque o tornou paquerador. O segundo, o fez ficar extrovertido com minhas amigas. No terceiro, ele estava envolvido com uma Sereia inteligente, famosa e namoradeira. Eles ignoraram minhas tentativas de participar da conversa. Quando estávamos prontos para ir embora, a barba rala do Lobisomem brotara repentinamente e seus olhos estavam arregalados e os cabelos despenteados. Falou de forma descortês comigo enquanto eu dirigia, dizendo-me grosseiramente que eu estava tomando o caminho mais longo para chegar à casa dele. Quando comentei, inocentemente, que ele estava sendo mandão, ele pareceu ficar ainda mais tenso.

— Preciso comer alguma coisa — ele murmurou, então paramos em um restaurante indiano que ficava aberto até tarde.

Eu estava hesitante em dar continuidade à noitada, preocupada em dispensá-lo mas também curiosa a respeito de seu tipo (apesar do repentino crescimento dos pelos dele, eu ainda não o havia compreendido).

Ele devorou com apetite exacerbado caris, galinha *tikka* e pão indiano; em seguida, resmungou que havia esquecido o cartão de crédito, então, tive de pagar a despesa. Ele também se apoderou de todas as sobras de comida para levar para casa, e não me ofereceu nenhuma.

Enquanto comia, contou-me sobre sua última namorada, que o acusara de ser crítico e grosseiro como o pai dela. Ela não compreendia como sua personalidade podia mudar tanto, e ele insistira que não mudava, de forma alguma; ela simplesmente estava projetando nele as questões que tinha com o pai.

No caminho para casa, eu continuava curiosa sobre o tipo em que ele se enquadrava e comecei a questioná-lo o mais casualmente possível. Perguntei por que ele respondera "prefiro não responder" à pergunta sobre usar drogas no perfil de namoro na internet, uma vez que essa resposta para qualquer pergunta sempre chama minha atenção e servia como um sinal de alerta. Ele ficou irritado, e me arrependi de ter perguntado.

— Ah, sabe, eu só estava me perguntando se você fuma maconha — falei.

— Eu tomei drogas com receita médica por algum tempo — ele respondeu, em um tom ameaçador, e desisti do assunto.

Voltamos para a cafeteria, onde ele havia deixado o carro, tarde da noite. Estendi a mão para me despedir, mas o surpreendente Lobisomem abraçou-me; em seguida, saiu do meu carro e desapareceu na noite.

Fiquei muito aliviada por ele não me procurar novamente. Pode-se dizer que escapei de uma encrenca. Eu não sei o que poderia ter acontecido caso a lua estivesse cheia, e não tenho vontade de descobrir, nem mesmo em nome das minhas pesquisas.

Por acaso, eu deparei com ele meses mais tarde, fazendo compras em um mercado de alimentos naturais caros. Ele parecia desnorteado, bonito e inocente em sua camisa de manga curta de botões e usando óculos. Eu jamais adivinharia que ele tinha um lado mais sombrio. Ele pareceu não ter me visto, mas achei que estava apenas fingindo, como eu fiz com ele.

Quando cheguei em casa, enviei-lhe um e-mail me desculpando por não tê-lo cumprimentado. Ele respondeu dizendo que eu deveria tê-lo feito e brincou que eu poderia ter explicado por que tudo ali custava o dobro em relação ao lugar onde ele geralmente fazia compras (por isso sua expressão desorientada).

Namorei um Lobisomem por um tempo considerável, mas o confundi com um Elfo das Árvores até muito recentemente, porque ele amava a natureza e músicas da década de 1960. No entanto, suas mudanças de humor, sua irritação e sua fraqueza por álcool e por tocar música a noite toda são características de um Lobo. Uma noite ele explodiu de ódio, xingando-me e me empurrando. Terminei o relacionamento imediatamente e não falei com ele por anos, mas, depois, nos tornamos amigos casuais. Ele é um pai dedicado e sincero, um amigo adorável para as pessoas que o aceitam como é. Minha natureza de Ninfa é tão forte que tenho uma tendência a tentar mudar os Lobisomens que entram em minha vida. Isso nunca funciona.

Como mencionei, os Lobisomens costumam ser charmosos, criativos e atraentes, até aparecer algum tipo de substância tóxica, ou, em certos casos, até eles serem provocados emocionalmente por algo. Se obtiverem a ajuda e o apoio corretos, sua compaixão pode triunfar sobre sua natureza animal, e eles serão parceiros carinhosos, porém excêntricos, para a Mulher Lobisomem, a Fada ou a Dríade certa. Eles também podem se transformar em Faunos, Elfos das Árvores ou Espíritos da Floresta, com o tempo.

Tipos Femininos

NINFA DA FLORESTA: A ARTISTA

Essas mulheres, extremamente sensuais, são também emocionalmente intensas. Elas amam mexer o corpo tanto quanto possível, para aliviar a grande tensão que sentem, mas também adoram o estímulo intelectual, e costumam gostar muito de literatura. Geralmente, trabalham nas artes ou em empregos que, convenientemente, não exigem grande esforço e que lhes permitam desenvolver seus interesses artísticos ao mesmo tempo. As Ninfas da Floresta costumam ter cabelos compridos que embaraçam com facilidade e um corpo jovem e gracioso, que elas gostam de vestir com roupas transparentes e provocadoras. Seus trajes favoritos são calças de ioga apertadas ou calças jeans com blusas soltas. Ninfas da Floresta são totalmente desinibidas na pista de dança e na cama. Todos os prazeres sensuais da vida são importantes para elas. Amam música, texturas macias, cores vibrantes, o perfume das flores, os sabores de comidas exóticas. Apesar de seu interesse por bens materiais para dar vazão à sua sensualidade, elas preferem viver em um simples ambiente alugado e comer arroz e feijão todos os dias do que serem forçadas a sacrificar o amor ou o trabalho criativo.

Nem todas as criaturas masculinas conseguem lidar com uma Ninfa da Floresta. Suas paixões são ardentes, tanto no que se refere ao sexo quanto a outras emoções, como a raiva. Seu relacionamento com a família, sobretudo com o pai, costuma ser bastante íntimo, intenso e problemático. Ela é incansável na cama, e exige até mesmo mais atenção fora dela. Costuma ser ciumenta e se magoa com facilidade, podendo procurar satisfação em outros lugares. No entanto, ao se sentir amada, uma Ninfa da Floresta o inundará com afeto, sexo, poesia, flores e bolos.

As Ninfas da Floresta prosperam quando percebem que são um pouco exigentes, e fazem o que é preciso para se cuidar. Terapia costuma ser útil para elas, contanto que escolham um terapeuta afetuoso e equilibrado, uma vez que essas Ninfas podem ser autodestrutivas e inconscientemente atraídas por homens da floresta que não as tratam bem, tanto em seus negócios quanto em sua vida pessoal. Formas de expressão criativa também são úteis para as Ninfas. É uma forma de se curarem em um nível profundo, e também pode ser um jeito de ganhar a vida.

Tenho algumas amigas Ninfas da Floresta, mas não muitas, pois tendemos a nos irritar umas com as outras por causa de nossa sensibilidade e emotividade.

DRÍADE: CRIATURA DA NATUREZA

A Dríade, ou Ninfa das Árvores, é uma criatura feminina muito atraente e natural, dotada de grande habilidade terapêutica. Muitas orientadoras e massagistas se enquadram nessa categoria, elas adoram ajudar os outros o máximo que podem. Dríades costumam vestir roupas floridas, elegantes, e que não sejam especialmente reveladoras. Sua cor favorita pode ser roxo, mas elas também gostam de vestir roupas azuis, verdes e brancas, frequentemente sobrepostas. Gostam de aulas de ioga, de dança moderna, de cozinhar e consumir comida vegetariana, de jardinagem e de artes. Uma Dríade é uma companheira maravilhosa. Ela é autoconsciente e cuidadosa. "Esse problema é meu", admitirá elegantemente durante uma discussão; após algumas experiências com psicoterapia, provavelmente, conseguirá identificar quando os próprios dilemas estarão contribuindo para um problema em um relacionamento. O problema das Dríades é que elas podem ficar deprimidas; também podem abusar de substâncias tóxicas, sobretudo na juventude. Quando isso ocorre, as Dríades precisam de muita paciência e amor para ajudá-las na recuperação.

As Dríades podem ser oriundas de situações familiares complicadas. O relacionamento com os pais, algumas vezes, é complexo, e o comportamento terapêutico, frequentemente, foi desenvolvido como uma reação a alguma necessidade de solucionar questões emocionais em casa. Elas são mães excelentes, porém, um pouco superprotetoras, capazes de manter um vínculo íntimo e amoroso com seus companheiros. Dedicam-se muito a si mesmas e valorizam aqueles que estão dispostos a fazer o mesmo. O Elfo das Árvores é um bom companheiro para a Dríade, uma vez que eles compartilham impulsos criativos e o desejo de cuidar dos outros.

Se você estiver namorando uma Dríade, leve-a para uma caminhada, para uma aula de ioga ou para fazer uma refeição orgânica saudável. Ela gostará de ouvi-lo falar sobre si mesmo e oferecerá bons insights sobre qualquer tópico. Tenha cuidado para não tirar vantagem de sua natureza prestativa e tente retribuir o máximo possível. Um relacionamento de longo prazo com uma Dríade pode ser recompensador, sobretudo se ela for tão cuidada quanto tende a cuidar dos outros.

Busco a ajuda de Dríades quando preciso ser consolada ou curada. Uma de minhas Dríades favoritas é uma curandeira na casa dos 60 anos. Minha professora de ioga, minha veterinária e minha dermatologista também são Dríades.

O que seria de mim sem elas?

ELFA URBANA: AS SABICHONAS

As Elfas deste tipo gostam de morar em cidades, e normalmente são bibliotecárias, editoras, professoras, escritoras ou exercem outras profissões mais acadêmicas, com viés literário. Elas também podem se envolver com artes visuais e amam bandas pós-modernas e música alternativa em geral. Para expressar sua personalidade inteligente, inovadora e excêntrica, elas podem usar óculos de sol pequenos e de estilo estranho, trajes desleixados, possivelmente envolvendo uma blusa, um casaco vintage, saia, meias até o joelho e mocassim ou sapatos boneca, e um corte de cabelo escolhido mais por ser moderno do que por sua beleza (franjas curtas e retas são populares). Quando gostarem de você, prepararão um CD com uma mistura de pop orquestrado, rock progressivo e algo surpreendente. O sistema nervoso das Elfas Urbanas é mais resiliente do que o do Elfo Urbano, e elas são menos disciplinadas, logo, podem ser fumantes e preferir doces para o jantar em vez de uma sopa (prato favorito do Elfo Urbano). O exercício não é a atividade favorita delas, mas podem fazê-lo o suficiente com caminhadas pelas cidades onde moram. Elas bebem muito café e raramente saem dos Starbucks sem um doce. Quando solteiras, jantam sozinhas em seus apartamentos, localizados em áreas boêmias urbanas, normalmente acompanhadas por um gato. Sendo um tipo independente, a Elfa Urbana sabe como consertar coisas e cuidar de si. Assim como o Elfo Urbano, essa versão feminina é um pouco reservada, o que pode ser resultado de uma criação na qual fortes demonstrações de emoção foram desencorajadas. Embora gentis e dedicados, os pais da Elfa Urbana, provavelmente, eram rígidos e pouco calorosos. Por sua vez, a filha costuma ser reservada e pode parecer distante ou até mesmo fria, mas sua natureza verdadeira é mais complexa do que isso. Aproxime-se de uma Elfa Urbana e descobrirá a personalidade apaixonada que se esconde nela, similar à de uma Ninfa. Até que reconheça completamente seu lado mais selvagem, uma Elfa pode se envolver com Sátiros continuamente inadequados que expressam essa paixão por ela. Por depender deles para concretizar esse envolvimento, ela pode se perder e arriscar ter uma grande decepção amorosa. O ideal é que a Elfa Urbana assuma seu lado mais selvagem, mesmo mantendo uma personalidade fechada e introvertida com relação ao mundo. Quando aceitar seu vazio interior, ela atrairá facilmente um parceiro amoroso, do tipo que aprecia todos os lados de sua natureza e que lhe dá mais do que apenas o companheirismo e a compatibilidade que ela diz desejar. Afinal, o desejo secreto da Elfa Urbana é ter um romance repleto de paixão.

Ela pode ser o par perfeito para o Elfo Urbano se ambos aprenderem a enxergar além das aparências frias um do outro, e a verdadeira emoção que reside por trás dessas fachadas, ou se ajudarem um ao outro a manifestar esse aspecto de suas personalidades.

Encontro muitas Elfas Urbanas em minhas atividades como escritora, elas são atraídas para o campo editorial. Eu as considero leais, confiáveis e extremamente inteligentes. Sempre sabem a resposta para perguntas literárias e são excelentes professoras e editoras. Com óculos delicados, saias e sapatilhas, sempre compõem um conjunto de muito bom gosto. As Elfas Urbanas clássicas nem sempre se abrem de primeira, mas depois de algum tempinho costumam me surpreender mostrando-se de formas inesperadamente carinhosas, tais como enviando bilhetes meigos, em cartões florais, à moda antiga, ou me presenteando com deliciosos pratos caseiros.

FADA: A FÊMEA

Em geral de cabelos claros (de nascença ou com ajuda artificial) e de corpo magro (devido à tendência de se movimentar com passos rápidos), a Fada encanta com sua personalidade excêntrica, elegância esvoaçante e natureza generosa, embora um tanto volúvel. Não a enfureça, no entanto; essas habitantes da floresta são sensíveis e se irritam com facilidade. Todavia, recuperam a atitude positiva rapidamente. As Fadas gostam de estar em boa forma física, mas podem se entediar facilmente; por isso, em geral, precisam de uma revista de moda ou, pelo menos, de um iPod para ajudá-las a completar sua rotina de exercícios físicos. Embora amem comer, costumam controlar as calorias que consomem e sempre preferirão uma salada e sushi a um bife. Amam sobremesas, e abrirão mão daquela fatia adicional de pão para que possam tomar um frozen iogurte grande a mais ou comer um doce de baixas calorias. As Fadas cortam e pintam os cabelos regularmente, e estão sempre com a manicure, pedicure, tratamentos faciais e depilação em dia. A maquiagem é importante para elas, que a aplicam levemente, mas de forma impecável. Gostam de fazer compras, costumam estar em dia com a moda, adotando um estilo pouco convencional. Sempre sabem como combinar coisas de forma singular e atraente. O traje típico de uma Fada é uma blusa de seda, uma boa calça jeans e fabulosos saltos altos, ou um vestido leve, de seda, com sapatilhas. Colecionam sapatos apaixonadamente e seus armários e gavetas transbordam de tesouros cintilantes que elas tratam com carinho. As Fadas costumam se concentrar em empregos no ramo da moda e do design. Você pode seduzi-las com belos itens e palavras bonitas, mas isso só funcionará até certo ponto, pois elas exigem satisfação emocional verdadeira além de romance superficial. Têm um cuidado especial com as emoções e ficarão felizes se passarem horas discutindo sentimentos com você. Todavia, as Fadas sempre têm um ar vagamente distante. Até mesmo as criaturas mais próximas delas percebem essa característica, e podem ficar frustradas com ela. É essa qualidade, também, que torna essas habitantes da floresta tão atraentes para muitos. Se gostar de você, ou até mesmo amá-lo, uma Fada não irá revelar facilmente a extensão de seus sentimentos por você. De vez em quando, ela pode se deixar levar e se comportar quase como uma Ninfa em seu ardor, mas isso é uma exceção à regra.

As Fadas costumam ter relacionamentos positivos com suas mães e são amigas leais e boas mães quando decidem formar um lar. Em geral, vêm de lares estáveis e são, por sua vez, capazes de criar um ambiente agradável para elas mesmas e para suas famílias. Assim como as Ninfas, amam estar cercadas por flores frescas, texturas agradáveis e cores suaves e tranquilizadoras. Embora gostem da natureza, não ficam tão à vontade nela quanto as Dríades. Preferem relaxar com uma limonada, em uma cadeira no meio de um jardim bem-cuidado, a acampar em uma floresta.

Tenho uma amiga Fada que faz meu tratamento facial. Ela mora em um apartamento com objetos bonitos, decorado nas cores creme e verde-claro. Tem uma lua crescente prata, um busto de David e um candelabro de ferro trabalhado em seu pátio. Veste-se com calças de jogging de caxemira rosa, corpetes de cetim e sapatos prata. Ela é sensual, mas tímida; forte, mas suave; carinhosa, mas um pouco reservada, a princípio. Por ser uma Ninfa da Floresta, eu me entendo muito bem com ela. No entanto, se estiver de mau humor, ocasionalmente, partirá para o ataque. Felizmente, ela sempre reconhece seu erro, em geral, na mesma hora.

DUENDE: MISS POPULARIDADE

As Duendes são semelhantes às Fadas, mas são um pouco menos intensamente femininas e mais pragmáticas no estilo e no jeito de ser. Embora gostem de acompanhar a moda, colocam menos ênfase na imagem e mais nos relacionamentos. São seguras de si, alegres, despreocupadas e menos facilmente inflamadas do que suas irmãs Fadas.

A Duende costuma ser muito competente na profissão que escolhe. Há muitas celebridades Duende, esses tipos extrovertidos e sociais, em geral, são excelentes atrizes. Sua natureza agradável e otimista serve-lhe bem tanto na área profissional quanto na vida pessoal.

As Duendes são boas amigas, incentivadoras, cuidadosas e boas ouvintes. Essas habilidades provêm de uma infância normalmente bastante positiva. Na maioria das vezes, ela é a filha protegida de pais amorosos e tem excelente relacionamento com os irmãos. Seu círculo de amizades está sempre crescendo, sendo as relações mais íntimas com Fadas e Dríades. No ambiente profissional, elas conseguem se relacionar bem com Gnomas. As Sílfides e as Ninfas da Floresta costumam, ao mesmo tempo, invejá-la e considerá-la enfadonha. Vampiras, Mulheres Lobisomens e Fadas Uivantes são sombrias demais para fazerem companhia a essa criatura alegre (*elas* diriam frívola). Costuma tolerar razoavelmente bem as travessuras das Sereias, até que a inveja cresça e as separe. Embora sejam geralmente calmas, se provocadas, as Duendes podem chegar ao ponto de brigar, com puxões de cabelo, tal como uma Sereia rancorosa. Duendes também podem fazer amizade umas com as outras, mas há mais probabilidade de se cercarem de criaturas masculinas, como amigos, companheiros e admiradores.

A Duende atlética e alegre gosta de qualquer tipo de atividade esportiva em um encontro amoroso. Leve-a para andar a cavalo e depois compartilhe um piquenique no campo, ou vá surfar e jantar na praia. Quando o romance está no ar, ela é divertida e empolgada, mas um pouco menos apaixonada e bem mais previsível do que uma Ninfa da Floresta. Muitas criaturas masculinas buscam Duendes por causa de sua personalidade pouco exigente, mas algumas, como Centauros, Elfos Urbanos, Elfos das Árvores e Gnomos, podem não achá-las suficientemente desafiadoras para um relacionamento de longa duração. Os gostos da própria Duende tendem para o Espírito da Floresta; ele é tão atraente e amigável quanto ela. Ela também gosta dos Elfos das Árvores e dos Tritões, embora possa não estar disposta a construir um lar com ambos os tipos. Ela pode considerar o Elfo das Árvores "muito louco" ou extremo, e a energia do Tritão pode ser um pouco pesada e devagar para ela. Embora seja tranquila, seu parceiro precisa acompanhar seu jeito animado.

Muitos tipos femininos sonham em ser uma Duende, porém, não é tão divertido quanto parece. Embora seja bem-amada onde quer que vá, em parte devido à sua confiança e capacidade de se adaptar a muitas situações diferentes, ela pode ser considerada, erroneamente, mais superficial do que realmente é. A Duende pode se sentir sobrecarregada pelas projeções que sofre, assim como também pela inveja que provoca em certos tipos. As Sereias lidam com essa situação com facilidade e costumam se expandir em vez de se contraírem. A Duende pode se isolar, e seu sorriso luminoso, ficar menos visível. Quando isso acontece, ela precisa ir para algum ambiente bonito, com suas amigas mais próximas. Ela logo ressurgirá, pronta para enfrentar o mundo, e talvez menos superficial.

A professora da pré-escola de meus filhos era uma Duende. Quando a conheci, achei-a um pouco superficial e sem muita compaixão, porque ela foi um pouco rude comigo. Ela tentava treinar um grupo de pais para trabalhar na pré-escola cooperativa, e esta Ninfa da Floresta pós-parto aqui irrompeu em lágrimas quando a filha caiu e bateu a cabeça. Porém, eu me acalmei, e a Duende ficou mais carinhosa. Na verdade, ela é uma das criaturas mais compreensivas que conheço. No entanto, pode parecer distante, porque se concentra para se manter completamente intocada, enquanto ajuda os outros. Esse é um traço que as Dríades poderiam aprender com as Duendes. A amiga Duende de quem acabei gostando é uma excelente mãe e defensora de crianças. Ela é muito atraente, mas nunca vaidosa; amistosa, mas reservada; e uma líder natural que nunca impõe sua vontade, mas geralmente alcança seus objetivos por causa de seu magnetismo e de suas percepções inteligentes.

SEREIA: A DIVA

Em geral, você pode identificar uma Sereia por seu cabelo comprido, ou meticulosamente cortado, muitas vezes louro; corpo curvilíneo ou simplesmente muito gracioso; e rosto impecavelmente maquiado. Ela sempre se veste de forma exuberante e gosta de marcas de grife, cores claras e vivas. Exercita-se e alimenta-se com cuidado, para se manter em forma e atrair a atenção para seu belo corpo, mas não por gostar de se exercitar tanto quanto alguns dos outros tipos. Sem dúvida, ela estará disposta a considerar cirurgia plástica sem pestanejar. Sua voz é, na maioria das vezes, grave e sedutora. As criaturas masculinas a desejam, e ela sabe disso. Ela tende a se envolver com artes performáticas, como teatro e canto, e fica à vontade quando é conhecida apenas pelo primeiro nome, uma vez que se sente única o suficiente para não necessitar de um sobrenome. Embora possa parecer um pouco superficial, ela é bastante inteligente e perspicaz.

A Sereia nem sempre é a mais fácil das criaturas. Ama sua liberdade e demora muito para estabelecer relacionamentos duradouros. Ela irá desafiá-lo em todas as oportunidades e, algumas vezes, causará muita dor. Sereias podem parecer muito sociáveis, cumprimentando a todos que encontram, mas têm um jeito grosseiro, uma natureza crítica e uma língua afiada que as mantém um pouco distantes. Por baixo desse escudo, no entanto, as Sereias têm um coração caloroso, protetor e maternal e, se você disser de maneira gentil, mas firme, a uma Sereia, que ela o ofendeu, ela concordará francamente e tentará corrigir o que aconteceu da melhor forma que puder.

Eis uma história sobre uma amiga Sereia:

Confessei que me sentia insegura em relação à minha aparência.

Minha Sereia disse: "Você se sente insegura em relação a seu rosto *e* seu corpo ou apenas ao seu rosto, ou apenas ao seu corpo?"

Comecei a responder, quando ela me interrompeu: "Porque seu *corpo* é perfeito."

Fiquei muito ofendida e disse isso a ela. Ela tentou melhorar, mas piorava a situação a cada palavra ("Eu quis dizer que seu rosto não é nada mau, mas seu corpo é realmente lindo, ah, você sabe o que eu quis dizer...").

Por fim, ela deixou escapar: "Se você fosse um homem, eu gostaria de transar com você, OK?"

Comecei a rir e não consegui continuar zangada.

GIGANTA: MÃE GENTIL

Bonita. Amiga. Maternal. Leal. Bondosa. Compassiva. Intuitiva. Generosa. Todas essas são características pessoais da Giganta. Infelizmente, a Giganta sensível e generosa pode não saber como se valorizar o suficiente. Essa falta de egoísmo é uma de suas características mais adoráveis, mas também pode ser problemática e levá-la à depressão. Algumas Gigantas deveriam aprender com as Sereias e se comportar de forma mais egoísta de vez em quando.

Gigantas são naturalmente muito tímidas, portanto, não são fáceis de se conhecer. Costumam ser caseiras e gostam do conforto de um ambiente agradável e feminino. Não são colecionadoras tão entusiastas quanto os Gigantes, mas compartilham a estética de seu equivalente masculino. Você sempre encontrará cortinas atraentes nas janelas delas e almofadas macias em seus sofás. Suas despensas são bem-estocadas e, em geral, Gigantas cozinham bem e de forma saudável, a menos que estejam se sentindo deprimidas, nesse caso, tendem a ingerir alimentos industrializados prejudiciais à saúde para se consolarem.

A maioria das Gigantas trabalha em instituições públicas, onde se sentem seguras e protegidas, e também são capazes de oferecer sua generosidade. Muitas trabalham na área de saúde ou de educação. São dedicadas a seus empregos e seu desempenho é bom, mas não são particularmente ambiciosas ou determinadas.

A Giganta jovem, quando confrontada com problemas na infância e na adolescência, provavelmente, se retraiu, mas ficou observando com atenção o que estava acontecendo em torno dela. Ela, provavelmente, se tornou uma leitora ávida como forma de se proteger e aprender mais sobre os outros sem ter de entrar em conflito com eles. Seu comportamento introvertido a torna extremamente intuitiva, podendo resolver conflitos entre suas amigas rapidamente, pois sabe como apaziguá-las. Tais características também a ajudam a ser uma excelente mãe. Ela tem uma influência calma e confortante sobre outras criaturas, sobretudo com as pequenas, a menos que esteja se sentindo agitada, o que pode torná-la muito mordaz.

A Giganta pode encontrar dificuldades nos relacionamentos românticos, pois se magoa com facilidade. Assim como a Ninfa, ela tem intenso desejo por um vínculo forte, mas, diferentemente da Ninfa, ela relutará em revelar essa necessidade. Seria melhor se assumisse seus desejos de forma confiante (porém sutil) em vez de se sentir envergonhada por tê-los. O companheiro certo aparecerá se ela for paciente e aprender a cuidar de si em primeiro lugar.

As Gigantas costumam ter excelente disciplina, consistência e estabilidade com crianças e relacionamentos românticos, embora possam ter problemas com essas questões no que se refere ao cuidado com elas mesmas. Esse comportamento se deve, parcialmente, à sua natureza, basicamente, estoica e à sua tendência de colocar os outros em primeiro lugar.

As Ninfas da Floresta são exemplos de possíveis mães adoráveis, mas nem sempre são as mães mais disciplinadas ou consistentes. Por outro lado, podem ser muito disciplinadas e consistentes em seus esforços criativos e no cuidado consigo mesmas, uma vez que sabem que, de outra forma, poderiam entrar em colapso. Esses dois tipos podem, definitivamente, aprender um com o outro de várias maneiras.

A outra professora da pré-escola de meus filhos era uma adorável Giganta, que sempre sabia como resolver conflitos entre as crianças com sua sabedoria e maneira meiga de falar. Nós nos tornamos amigas, e contei para ela sobre o Sátiro que eu estava namorando. Um dia, ela me perguntou como as coisas estavam indo com ele.

— Ele já falou sobre compromisso? — ela me perguntou.

Contei o que ele tinha dito: "O único momento que importa é agora", sempre que eu mencionava o futuro. (Essa é uma fala clássica dos Sátiros, mas eu ainda não possuía esse método de classificação à época.) A Giganta respondeu: "O único momento que importa é agora, mas só se for para partir seu coração." Fiquei chateada com ela, mas, claro, ela estava certa. Gigantas são muito astutas em relação a outras criaturas. Por serem muitas vezes observadoras pacatas, aprendem a reconhecer sinais que outros talvez não reconheçam (não que aquele sinal fosse muito difícil de reconhecer, mas eu era uma Ninfa apaixonada). O problema com esse sentido apurado de observação é que ele pode desestimular a Giganta — que já é tímida e contida por natureza — a simplesmente "correr riscos" em sua vida. Eu a encorajei a tentar o namoro pela internet, e ela me estimulou a ser mais prudente com relação às pessoas que eu namorava. Ela foi, também, uma maravilhosa fonte de dicas de como criar meus filhos.

FADA UIVANTE: A GUERREIRA

A Fada Uivante é uma versão mais nobre e intensa da Ninfa da Floresta. Ela é caracterizada por sua natureza extremamente passional e está sujeita a explosões de raiva e até de violência. Fadas Uivantes que canalizam a raiva nas formas criativas (geralmente cantando) podem ser geniais em suas áreas de atuação. Elas costumam ter opiniões muito fortes sobre tudo, desde a situação política do mundo, passando pela ecologia, até as interações pessoais. Elas não têm medo da palavra *feminista*. Uma Fada Uivante tenderá a ocultar sua feminilidade com um estilo andrógeno, mas, apesar disso, sua sexualidade forte ficará aparente com frequência. Não é raro ver uma Fada Uivante com a cabeça raspada, piercings e tatuagens como expressões de sua natureza rebelde. Ela não costuma ser muito materialista e adota um estilo de vida simples, mas também pode ser brutalmente ambiciosa na vida profissional. Conforme mencionado, muitas Fadas Uivantes escolhem cantar, mas também podem se envolver com artes visuais e terapêuticas. Algumas estudam terapia, mas nem sempre são totalmente adequadas para esse tipo de trabalho. Muito embora sejam intuitivas, inteligentes e compassivas, elas não são conhecidas por serem disciplinadas com suas emoções e podem reagir de forma exagerada em situações delicadas. Ainda assim, a natureza ambiciosa, em geral, proporciona boa dose de sucesso em qualquer campo. Elas são motivadas não pelo desejo de riqueza, mas pelo desejo de amor verdadeiro e pela oportunidade de mudar o mundo com seus princípios idealistas.

Embora a maioria das Fadas Uivantes se preocupe tremendamente com a situação do planeta e possa se tornar ferrenha ativista, a vida delas costuma girar em torno de seus vínculos com alguns companheiros íntimos e com o trabalho criativo que fazem para expressar seus sentimentos sobre esses relacionamentos muitas vezes tumultuados. Fadas Uivantes são mães surpreendentemente boas, por causa de sua apaixonada dedicação à prole. São também amantes desinibidas e criativas, muito semelhantes às Ninfas. No entanto, as Ninfas, em geral, ficam felizes e mais tranquilas após relações sexuais, enquanto uma Fada Uivante pode se tornar mais agitada por causa delas. Um dos melhores aspectos sobre sexo com uma Fada Uivante, no entanto, é que ela declarará suas necessidades abertamente. Sereias também são boas nisso, mas a maioria dos tipos, inclusive a geralmente desinibida Ninfa, tem problemas em revelar seus desejos, tendo como consequência a redução de seu prazer sexual e, em última análise, o prazer de seus companheiros. Se você é um tipo mais inibido, poderá desejar usar a Fada Uivante como exemplo e pedir o que deseja na cama.

As Fadas Uivantes podem ser extremamente leais com os amigos e os ajudarão sem hesitar, mas também são muito seletivas e não se tornam próximas de muitas outras criaturas. Geralmente, são tímidas, a menos que estejam gritando letras de músicas e, apesar do estilo agressivo, a aparência costuma ser delicada. Por causa disso, elas podem pegá-lo desprevenido quando você faz alguma coisa que não as agrade. Uma Fada Uivante pode não atacar diretamente: ela vai compor uma música maliciosa sobre você ou postará algo mordaz em sua rede social. Ela também pode "se atacar", em vez de atacá-lo. Deve-se ficar de olho nas Fadas Uivantes quando estão nessa fase, para que não causem danos severos a si mesmas. Felizmente, elas podem usar a expressão criativa para ajudá-las a superar essa fase. Se você conhece uma Fada Uivante com problemas, ajude-a a encontrar as ferramentas, a inspiração e o apoio para canalizar a decepção por meio de atividades artísticas. Essa ajuda pode ser útil para qualquer um, mas principalmente para Ninfas da Floresta e Fadas Uivantes. Devido às suas semelhanças, esses dois tipos costumam ser boas companheiras umas para as outras.

Eu adoro minha Fada Uivante. Sempre brincamos que deveríamos encontrar criaturas masculinas com um mapa astral (ou talvez tipos mitológicos) exatamente igual aos nossos, porque nos damos muito bem. Dançamos loucamente juntas e escrevemos poesia uma para a outra. Amamos ir a cafeterias e compartilhar torta de maçã com sorvete, observar criaturas, conversar sobre nossa arte e rir de nossos atormentados relacionamentos com criaturas masculinas. Ela sempre me protege e ameaça telefonar para meus namorados ou colegas que se comportam mal para repreendê-los. Embora ambas sejamos artistas, o trabalho dela é mais expressivo, furioso e extremamente impactante. Ela já trabalhou como stripper e consegue cantar como Alanis Morissette. Tem tatuagens e deseja fazer novas.

Às vezes, eu gostaria de não ser uma criatura tão heterossexual por natureza. Porém, é bom ter uma Fada Uivante a seu lado em qualquer posição.

GNOMA: ASTUTA SOBRE SALTOS

A Gnoma é muito semelhante ao seu correspondente masculino — o Gnomo —, embora não seja tão extrovertida ou explicitamente agressiva. Esse tipo prático, um pouco conservador a princípio, nem sempre sobressai, porque talvez não busque atenção da mesma forma que outros tipos o fazem, mas possui muitas qualidades maravilhosas que vale a pena explorar.

A Gnoma é a criatura de carreira quintessencial, galgando os notórios degraus da escada do sucesso. Ela teve um bom desempenho escolar e ganha um salário decente. Considera-se um pouco clássica; não é o tipo mais voltado para a sexualidade, mas adora uma boa barra de chocolate e o CD certo de jazz.

Uma Gnoma gosta de falar ao telefone por horas. Por usar esse passatempo para aliviar a tensão, ela é muito dependente de seu celular. Não gosta muito de se exercitar, mas, provavelmente, se obriga a fazê-lo e conversa durante os exercícios para passar o tempo.

Pode não parecer que a Gnoma esteja muito interessada em romance, mas sua abordagem discreta e prática com relação à vida esconde uma alma mais sensível. Embora não seja tão apaixonada quanto a Elfa Urbana (outro tipo que mantém grande parte de sua vida interior reservada), a Gnoma pode ser mais delicada do que parece. Seus sentimentos são facilmente feridos e ela pode partir para o ataque quando isso acontece — geralmente pegando seus amigos e parceiros de surpresa. Por parecer bastante confiante, seus companheiros não sentem que precisam ser cautelosos com ela. Na realidade, eles, de fato, precisam ter muita sensibilidade. Embora uma Gnoma não admita que foi magoada, reagirá e retaliará com um comentário espirituoso e ácido, ou usará um tom condescendente, mais sutil. Por ser muito inteligente e perceptiva, suas farpas podem machucar muito e alcançar o resultado desejado de causar arrependimento às partes ofensoras. Às vezes, a Gnoma ataca sem provocação; a melhor forma de lidar com isso é falando de forma suave e firme, estabelecendo um limite claro educadamente. Nesses casos, ela geralmente recua, por não ter nascido para brigar. Uma Gnoma prefere gastar sua energia trabalhando em seu projeto seguinte em vez de relaxar em seu tranquilo ambiente doméstico, equipado com tecnologia de ponta. Assim como as Elfas Urbanas, as Gnomas são muito autossuficientes, e não só pagam as contas como também sabem fazer pequenos consertos domésticos com facilidade. Raramente se apresentam como criaturas masculinizadas, como fazem as Sílfides; elas gostam de manter um ar de feminilidade, sem exageros.

No campo dos relacionamentos, a Gnoma anseia secretamente por alguém que seja extremamente afinado com seus sentimentos, mas pode levar algum tempo para descobrir essa característica em um companheiro. A razão para isso é que ela pode adotar uma atitude agressiva com alguém de quem goste, assustando assim as criaturas mais sensíveis que ela de fato deseja. Outra razão que pode fazer com que uma Gnoma demore mais para encontrar seu par apropriado é que ela costuma se sentir, inconscientemente, atraída por tipos críticos, como os Gnomos, que não conseguem reduzir suas inquietações. Muitas Gnomas, assim como os Gnomos, têm relacionamentos problemáticos com a mãe durante a juventude, e esse atrito costuma afetar seus relacionamentos amorosos quando adultas.

Ao contrário do Gnomo, no entanto, a Gnoma não reclamará explicitamente do seu passado. Ela mantém uma atitude de "aguentar firme" sem reclamar abertamente. Na verdade, talvez fosse melhor para ela expressar mais seus sentimentos. Ela acredita que outras criaturas se aproveitariam de sua vulnerabilidade se descobrissem isso quando, na realidade, revelar-se cuidadosamente e na companhia certa poderia torná-la mais forte e intensificar seus relacionamentos.

Minha amizade com uma Gnoma foi bem-sucedida por muitos anos até finalmente nos afastarmos uma da outra. À medida que me tornei uma Ninfa da Floresta mais assertiva e ela cresceu em sua profissão, entramos em conflito. Ela se considerava genial e se referia a mim como "mocinha". Quando finalmente a confrontei, ela se enfureceu, e tivemos uma desavença. No entanto, ainda aprecio essa Gnoma inteligente e um tanto genial pela ajuda ao longo dos anos.

SÍLFIDE: A CRIATURA AO LADO

Essas criaturas masculinizadas têm o mesmo gosto por exercícios que as Duendes, porém com mais intensidade. Elas se exercitam consistentemente em academias, com ênfase em ganhar força física. Fazer exercícios sempre as alegra quando se sentem tristes. Muitas vezes, elas também são boas em esportes competitivos. Em harmonia com esses interesses atléticos, seu estilo é informal, confortável, esportivo e prático. Sabem tudo sobre teores de gordura e como contar calorias, no entanto, gostam de esbanjar em uma sobremesa bem calórica. As Sílfides são menos intelectuais do que as Elfas Urbanas, mas são naturalmente inteligentes e mentalmente ágeis. Porém, são um pouco ingênuas em relação à dinâmica sutil dos relacionamentos. Essa é a forma pela qual diferem da Gnoma astuta, embora esses dois tipos comedidos possam, às vezes, ser confundidos entre si. O sorriso da Sílfide e sua contagiante risada sempre a revelam. Quando chega a uma festa, seu sorriso largo costuma iluminar o ambiente, transformando completamente seu rosto e a energia no salão.

Sílfides, em geral, ficam menos à vontade com outros tipos femininos, mas fazem amizade com homens facilmente, sobretudo Faunos e Espíritos da Floresta. São vulneráveis aos Sátiros, mas com menos frequência do que as Ninfas. Sílfides gostam de sexo, às vezes, mas ele não é radicalmente importante para elas como o é para as Ninfas da Floresta. Para a Sílfide, amizade e alegria sempre vêm em primeiro lugar. Ela pode ter relacionamentos complicados com os progenitores, sobretudo com o pai, mas raramente o admitirá. Gosta de parecer confiante e confortável no mundo. Às vezes, seu sorriso exagerado é, na verdade, um disfarce para uma visão mais obscura. Embora sensível, pode dizer coisas insensíveis a terceiros, geralmente quando é confrontada com uma situação problemática ou emocionalmente carregada, que parece de difícil solução. Nesse sentido, ela é muito semelhante à Gnoma.

Quando qualquer um desses tipos partir para o ataque, lembre-se de que, apesar da postura de durona, elas são sensíveis e não reagem bem a críticas explícitas. Seja paciente com uma Sílfide agressiva e logo verá aquele sorriso sonhador novamente.

Conheço uma Sílfide que realmente iluminava o mundo com seu sorriso. Fomos amigas durante anos e nos divertimos muito juntas; saíamos para correr; dançávamos; íamos a shows de bandas. Eu admirava seus múltiplos talentos nas artes e nos esportes. Ela parecia conhecer todo mundo, onde quer que fôssemos, e as criaturas masculinas eram muito atraídas por seu corpo atlético e cabelo brilhante e curto, ativando meu ciúme de Ninfa da Floresta. Talvez eu despertasse algo nela também, porque a tensão entre nós cresceu ao longo dos anos. Quando confessei que um Fauno que eu namorava não queria fazer sexo comigo, ela deu risadas e disse, alegremente: "Quisera eu ter esse problema! Meu Sátiro não me deixa em paz!" Sempre que ela via meus namorados, dava-lhes um forte abraço e lhes dizia o quanto eram bonitos. Ela fez isso até mesmo em uma noite na qual, ela sabia, eu estava me recuperando emocionalmente de um aborto espontâneo. Eu disse a ela que aquilo me aborrecia e admiti minhas inseguranças, perguntando-lhe se ela poderia ter inseguranças também que estivessem exacerbando o problema. Ela ficou muito defensiva e me acusou de ter problemas sérios, que ela não tinha. Talvez estivesse certa. Perdemos contato até que, um dia, encontrei-a por acaso com seu Sátiro, que estava em vias de se tornar um Espírito da Floresta, e o bebê deles. Cumprimentamo-nos educadamente, mas nunca restabelecemos a amizade. Mesmo assim, fiquei impressionada com a família maravilhosa que ela havia formado, o que fez com que eu me lembrasse de tudo que admirava nela — animação, criatividade e o charme para transformar um Sátiro inconstante em um feliz homem de família.

VAMPIRA: CRIATURA MISTERIOSA

Superficialmente, a Vampira pode não ter muito em comum com a Sereia, mas olhe mais de perto e verá que esses dois tipos femininos não são muito diferentes. Tanto as Vampiras quanto as Sereias gostam de chamar atenção. Ambas são atraídas para as artes performáticas. Dão muita ênfase à aparência física e sabem como seduzir com sua sensualidade. É possível reconhecer ambas quase imediatamente, uma vez que costumam se identificar com os respectivos tipos. Enquanto as Sereias, em geral, têm cabelos longos e louros e gostam de usar cores atraentes e cintilantes, as Vampiras costumam ter cachos soltos e escuros e vestem-se com sensuais roupas pretas. Algumas Vampiras preferem um estilo de roupa romântico e envolvente — um espartilho revelador e outros trajes simples e justos —, mas há sempre um elemento provocante e pouco convencional envolvido. Sereias costumam ter corpos voluptuosos, para os quais orgulhosamente atraem a atenção, enquanto as Vampiras são, em geral, mais tímidas, a não ser que estejam em um palco. Apesar dessas diferenças, a ênfase

OS TIPOS

na importância da imagem e a necessidade de se exibir a todo momento são as mesmas para ambos os tipos.

As Sereias costumam ser mais confiantes do que as Vampiras, que, por sua vez, da mesma forma que os Vampiros, usam suas personalidades para se esconder do mundo (em vez de se exibirem, como as Sereias). Sereias também são mais exigentes, enquanto Vampiras tendem a descarregar seus aborrecimentos com elas mesmas e não com os outros. Podem apresentar alguns comportamentos autodestrutivos, sobretudo na juventude. Vampiras ficam deprimidas com bastante facilidade; quando isso acontece, costumam se aconchegar na cama para tentar se curar enquanto dormem.

A Sereia e a Vampira poderiam ser descritas como o lado escuro e o iluminado do mesmo tipo; ambas companheiras desafiadoras, mas sempre interessantes.

Para conhecer uma Vampira intimamente você precisa provar que a entende e que se interessa por seus gostos, os quais frequentemente incluem filosofia, espiritualidade e as artes. Tente conversar com ela sobre literatura clássica e, talvez, sobre autores góticos. Pergunte-lhe sobre bandas como Death Cab for Cutie, Muse, Joy Division, New Order, The Cure e Echo and the Bunnymen. Preste atenção às roupas dela e discuta sua filosofia de vida. Se não conhecer uma banda ou um livro que ela menciona, não tente fingir que os conhece, simplesmente assuma isso. As Vampiras ficam muito irritadas com pessoas artificiais e preferem que você seja honesto do que finja ser moderno.

Mesmo que você seja paciente e consciencioso, nem sempre é fácil se aproximar desses tipos enigmáticos. Elas gostam de manter um véu de segredos em torno delas.

Em um encontro amoroso, uma Vampira gosta de ser levada a um lugar incomum. Ela apreciará assistir à projeção de um filme em um cemitério. Também gosta de cinemas antigos, carrosséis decrépitos, hotéis de luxo abandonados e boates subterrâneas onde, após alguns drinques, ela perderá suas inibições e dançará de forma sedutora ao som de uma banda. Apele para o senso de mistério e romance secreto dela, e você poderá conquistá-la.

Na cama, a Vampira costuma ser menos experimental e aventureira do que sua personalidade poderia levá-lo a imaginar. Na realidade, o cultivo dessa personalidade complexa, um tanto espalhafatosa, pode ser um disfarce para uma criatura bastante tímida e sensível. No fundo, ela costuma ser uma tradicionalista e gosta de ser tratada de forma romântica e paciente. Porém, assim como é o caso da maioria das criaturas, se você for gentil e respeitoso, ela pode acabar se abrindo e embarcar em aventuras sensuais com você.

Fiz amizade com uma Vampira pela internet e a achei muito mais sensível e gentil do que suas fotografias exuberantes sugeriam. Ela era intensamente criativa como pintora e poetisa e dedicava quase a mesma energia criativa à sua aparência física. A sombra e o batom sempre pareciam perfeitos, e o cabelo era preto, longo e liso. Apresentava-se de forma bastante erótica em suas fotografias, mas ficava frequentemente surpresa quando criaturas masculinas reagiam de uma forma sexual, uma vez que era bastante ingênua com relação à impressão que causava. Conforme acabei constatando mais tarde, ela realmente não tinha ideia alguma do quanto era atraente, e muitas vezes se menosprezava enquanto, ao mesmo tempo, incentivava suas amigas. Essa adorável Vampira me encantou e me senti mais conectada ao seu tipo após conhecê-la. Não é sempre assim?

Eu também tenho agora uma amiga Vampira querida que está estudando para ser terapeuta. Ela trabalhou como recepcionista em um restaurante da moda e como estilista de bandas, veste-se como uma garota rock'n'roll e tem um dos corações mais sensíveis que conheço.

MULHER LOBISOMEM: ENCANTADORA

A encantadora Mulher Lobisomem pode seduzir tanto os tipos masculinos quanto os femininos com suas maneiras sensuais e sua personalidade afável e extrovertida. Ela vai bajulá-lo e oferecer ajuda. No entanto, sempre irá querer algo em troca; logo, fique atento.

Uma Mulher Lobisomem gosta de posar como a vizinha boa moça, serena, convencional e nada ameaçadora, embora, em geral, ela seja a favor de um estilo rock'n'roll com cabelo em camadas, camisetas de bandas, calças jeans skinny e tênis All Star. Ela pode ser confundida com uma simples Duende — atlética, extrovertida e afável. Ela também pode ser rotulada de Sílfide, por causa de seu sorriso bonito e corpo atlético. Porém, uma Mulher Lobisomem é geralmente muito mais irritável, inteligente e até calculista do que possa parecer. Somente seus olhos fogosos, e um tanto desconcentrados, a denunciam. Ela possui um desejo quase compulsivo de adquirir o que não é dela, um traço também comum em Gnomos e Gnomas ambiciosos. Os Lobisomens — correspondentes masculinos das Mulheres Lobisomem — não costumam ser assim. Eles estão satisfeitos com sua vida e não querem atrair muita atenção, por medo de ter algo desorganizado. Porém, as Mulheres Lobisomem estão sempre buscando melhorar sua vida, ambiente e aparência física, às vezes, de forma exagerada. Elas perseguem esse objetivo mais agressivamente do que a Gnoma, que tende a buscar seus objetivos de forma sutil.

As Mulheres Lobisomem costumam ser muito extrovertidas e se envolverão com você rapidamente. Elas se apresentarão, perguntarão seu nome e apertarão sua mão. Sempre se certificarão de usar seu nome ao falarem com você, tanto como uma forma de o deixar à vontade quanto como forma de controlar a situação. Embora pareça muito afável, a Mulher Lobisomem, frequentemente, falará de você e provocará confusão entre as amigas e conhecidas dela. No entanto, ela é tão inteligente, fascinante e charmosa que alguns tipos suportarão suas qualidades ruins para poder desfrutar das boas. Ela pode ser uma namorada agitada, pronta para qualquer tipo de aventura e capaz de enfeitiçar na cama quando se sente inspirada ou quer algo de você.

O aspecto mais preocupante da Mulher Lobisomem é como ela se comporta quando está sob influência das drogas e do álcool. Ela tende a abusar dessas substâncias tóxicas e pode facilmente passar do ponto. Assim como o Lobisomem, quando ela está bêbada, sua personalidade muda radicalmente. Porém, enquanto o Lobisomem, muitas vezes, fica mais irritável e um pouco paranoico, a Mulher Lobisomem se tornará muito extrovertida e completamente desinibida, colocando-se, dessa forma, em situações difíceis e até mesmo perigosas.

O melhor jeito de uma Mulher Lobisomem evitar a sedução das substâncias tóxicas em excesso é se dedicar a uma atividade física, que sempre a acalma. Sua força inata e natureza competitiva a tornam uma talentosa atleta.

É fácil encontrar esses tipos extrovertidos. Ela costuma capturar a atenção de todos os machos no salão; sendo assim, você terá de se destacar para atrair o interesse dela. Porém, isso não significa ser a criatura mais espalhafatosa e exibida do ambiente. Ela é atraída por tipos fortes e silenciosos, que a aceitam como ela é, que não tentam mudá-la. Muito embora seu estilo próprio possa ser contido, é sempre bem estudado, e ela pode ser um pouco crítica em relação à aparência dos outros, portanto, você precisará estar bem-arrumado e elegante para ganhá-la. Um Lobisomem em seu estado "mais sombrio" não a atrai, porque ele a faz lembrar-se da própria natureza misteriosa. Ela é fortemente atraída por Sátiros, e também gosta de Elfos das Árvores, mas pode ser quase abusiva com os Gigantes, Elfos Urbanos e Gnomos. As Mulheres Lobisomem fundamentam muito de sua identidade em torno da sexualidade, e sabem como utilizá-la para conseguir seu objetivo. Isso significa que estar com ela é divertido, embora um tanto perigoso; portanto, pense bem antes de se envolver.

Minha experiência com uma Mulher Lobisomem foi muito desconcertante. Ela fez amizade comigo com elogios e favores, e logo me senti enfeitiçada. O único indício que me alarmou foi quando ela, uma vez, revelou que havia passado a juventude dormindo com uma criatura diferente por noite e que era conhecida por roubar os namorados das amigas. Ela revelou tais fatos com orgulho e tratou o assunto com displicência.

A Mulher Lobisomem começou a passar tempo comigo e com aquele namorado Sátiro problemático com quem eu estava saindo. Um dia, ela e eu estávamos em casa com nossos filhos quando ele telefonou dizendo que estava indo nos visitar. Ela imediatamente foi para casa, voltando pouco depois, usando vestido e com batom nos lábios. Trazia um prato de carne e batatas.

— Tive de me trocar porque estava suando no traseiro! — ela anunciou.

Ele a ignorou, e foi se sentar do lado de fora, sozinho. Ela apanhou o prato de comida e se aproximou, toda rebolativa, para oferecer a comida a ele.

— Sei que vocês Sátiros gostam de comer carne, e as Ninfas jamais a servem! — exclamou.

Ele agradeceu.

Ela se sentou ao lado dele, tocando em seus braços e ombros, dando risadinhas e o bajulando. Os Sátiros adoram esse tipo de atenção. As Ninfas não servem muita carne, é verdade, mas também não respondem bem quando alguém tenta flertar com seu namorado.

No dia seguinte, eu disse à Mulher Lobisomem, gentilmente, que não havia gostado de como ela se comportara. Ela ficou muito decepcionada e insistiu que eu estava sendo exagerada e insegura. Sua resposta foi tão grosseira que comecei a me afastar dela, lentamente, nos meses seguintes.

Cometi o erro de contar ao Sátiro o que havia acontecido. Os Sátiros não têm paciência com o ciúme feminino, embora, muitas vezes, eles o provoquem intencionalmente, e ele ficou muito irritado com minha reação.

No dia seguinte ao nosso rompimento o Sátiro revelou à Mulher Lobisomem que eu tinha "alguns problemas" com ela e que a estava evitando porque estava com ciúme. Ela me enviou um e-mail cruel me chamando de todos os nomes inimagináveis.

OS TIPOS

Pouco depois ela me convidou para uma festa, enviando-me uma mensagem alegre que expressava seu interesse em manter nossa amizade, mas não consegui ignorar aquele e-mail cruel. As Ninfas, em especial, têm dificuldades para perdoar quando linguagem tão forte é usada. Agora sou mais cautelosa em relação a esse tipo da floresta, potencialmente perigoso. No entanto, para os que gostam de excitação e magnetismo em uma companheira, a Mulher Lobisomem é uma escolha satisfatória.

Combinações Masculinas

Se você ainda não se percebe em nenhum dos tipos, é provável que seja uma combinação de tipos. Todos os tipos podem se combinar de várias formas, mas determinadas combinações são mais comuns do que outras.

O **Cavalo das Árvores** (Elfo das Árvores/Centauro) é um curandeiro criativo. Ele é o médico que pinta, esculpe ou trabalha com cerâmica em seus momentos de lazer. Pode usar o cabelo um pouco comprido e ter problemas em aceitar o fato de estar envelhecendo, uma vez que se sente como se tivesse 20 anos de idade. Ele vai conversar sobre sua carreira anterior como músico de rock enquanto a interroga, e pode flertar inofensivamente. Essa criatura usa sua criatividade para se aprimorar profissionalmente, distraindo e encantando seus pacientes com a parte artística de sua personalidade, assim, seu lado curandeiro pode executar melhor seu trabalho.

Outro tipo de combinação masculina é o **Cavalo Urbano**, mistura de Elfo Urbano com Centauro. Essa criatura bastante excêntrica é extraordinariamente inteligente, talentosa e capaz, embora tenha um pouco de dificuldade no campo das relações sociais e seja muito distraída. Ele tem um impulso criativo agressivo oculto sob um exterior um tanto reservado. Assim como o Elfo Urbano, ele, geralmente, usa óculos pequenos que podem ficar ligeiramente tortos em seu rosto. O cabelo costuma ser comprido e, em geral, sua barba está por fazer ou seu rosto tem alguns cortes de lâmina. Ele é um pouco tímido, e pode parecer arrogante. No entanto, é mais apaixonado do que o Elfo Urbano comum. Costuma trabalhar com ciência, educação ou artes. Imagine o clássico professor distraído, tipo gênio, como Albert Einstein, e você tem o Cavalo Urbano.

O **Centauro da Floresta** é um Centauro, geralmente em torno dos 50 anos de idade, que decide que seria melhor ter um amor relativamente estável em sua vida a ficar pintando sozinho em seu estúdio até o final de seus dias. Ele, então, encontrará uma criatura feminina interessante para formar um casal estável, o que não é muito difícil para ele, pois sua criatividade e comprometimento estável (por mais tardio que seja) em família pode ser muito atraente para muitas criaturas femininas. As Ninfas da Floresta combinam muito bem com esse tipo se conseguirem fisgá-lo no momento certo da vida. O Centauro da Floresta pode escolher uma companheira um pouco mais jovem, uma vez que sua natureza artística precisa ser incentivada e mimada, sobretudo à medida que ele envelhece. Em troca, fornecerá estabilidade e incentivo para a companheira. Ele talvez acabe se envolvendo profundamente em seu trabalho com frequência, mas costuma emergir dele sentindo-se renovado.

O **Cavalo d'Água** é uma combinação de Centauro e Tritão. Enquanto o típico Tritão gosta de tudo e qualquer coisa que tenha a ver com água e natureza, o Cavalo d'Água divide seu tempo entre a veneração à natureza e às artes. Ele fica mais feliz quando consegue combinar essas duas paixões. Pode pintar, esculpir ou trabalhar com construção. Seu trabalho é sempre imponente e exige força física para ser realizado. Pode incorporar materiais naturais, como conchas, areia e madeira encontrada na praia, em suas peças. Ele é atraente para muitas criaturas, mas seu interesse pelo trabalho e pelo mundo natural beiram a obsessão. Isso se deve ao fato de tanto os Centauros quanto os Tritões possuírem uma tendência à obsessão. Pode ser muito difícil fazer contato com o Cavalo d'Água quando ele se envolve em um de seus devaneios.

Os **Bodes das Árvores** não são muito diferentes de um Elfo das Árvores típico, mas são mais extremados em suas atividades sexuais; assim, portanto, o apelido Bode deriva do Sátiro, que é parecido com o bode. Eles combinam a fascinação do Elfo das Árvores, pela natureza e pela cura, à sensualidade do Sátiro. Um aspecto positivo desse tipo é que ele é muito sincero com relação ao seu interesse pela sexualidade, de forma que você sabe exatamente sua posição em relação a ele. Ficam à vontade com o termo *poliamor*, enquanto um Sátiro evita esse termo a todo custo, temendo, acertadamente, reduzir suas chances de conquistar muitas criaturas femininas. Os Bodes das Árvores podem ser encontrados em aulas de dança de salão, improvisando movimentos táteis com uma sucessão de parceiras, e em refúgios de ioga, festivais de música e seminários New Age. Alguns se tornam gurus ou até líderes de culto. Contanto que você saiba o que a espera, esse tipo pode abrir novos mundos de terapia sexual através do tantra.

OS TIPOS

Gnomos das Árvores são um tipo incomum, uma vez que o descontraído Elfo das Árvores e o ambicioso Gnomo são muito diferentes um do outro, para início de conversa. Um Gnomo das Árvores deveria tentar integrar as duas facetas de sua natureza. Ele será bem-sucedido se combinar suas capacidades no mundo da cura e dos negócios. Muitos médicos convencionais são assim. Eles têm o instinto dos Elfos das Árvores para ajudar os outros e a natureza prática e o bom senso nos negócios típico dos Gnomos. Esse tipo trabalhará arduamente no escritório a semana toda, ganhará muito dinheiro e, em seguida, passará o fim de semana se divertindo em um campo de golfe, onde o verde o faz se lembrar de sua natureza parcial de Gnomo.

O **Bode Urbano** (Elfo Urbano/Sátiro) é um tipo enganador. Ele pode parecer inofensivo e tímido, a princípio, mas é capaz de usar esse disfarce para seduzir sua presa sem clemência. Você encontrará esse tipo trabalhando em escritório; no entanto, a razão de vida perfeita do Bode Urbano é o sexo no estilo Sátiro, e o sucesso nos negócios é apenas um meio para esse fim. Esse tipo pode até mesmo ser mais malicioso do que o Sátiro, por ser muito cerebral e, simultaneamente, instintivo, sabendo como manipular os outros com seu cérebro *e* com seu carisma. Bodes Urbanos não são pares adequados para as medrosas, mas se você puder reconhecê-los por aquilo que são e não se deixar apaixonar, é possível ter muito prazer com esse tipo. Eles têm todo o desejo sexual do Sátiro, combinado à precisão e à habilidade do Elfo Urbano, e podem lhe proporcionar horas de diversão debaixo dos lençóis.

Os **Gnomos Urbanos** tendem a combinar alguns dos aspectos mais desafiadores do Elfo Urbano e do Gnomo. São muito cerebrais e podem sacrificar a ternura emocional e a compaixão por conhecimento e sucesso financeiro. Algumas vezes, eles foram vítimas de infâncias dolorosas, nas quais se sentiram menosprezados, e procuram mostrar sua capacidade constantemente. Alguns psiquiatras e cientistas clínicos, tais como os biólogos, encaixam-se nessa categoria. Eles também podem ter alguns aspectos exploradores em suas personalidades. Um aspecto positivo do Gnomo Urbano é que sua mente ambiciosa e analítica, às vezes, consegue realizar grandes descobertas que beneficiam a humanidade, mesmo que a convivência no dia a dia possa, às vezes, ser um pouco fria.

Um **Água da Floresta** é uma combinação de Tritão com o Espírito da Floresta. A conexão do Tritão à natureza o deixa mais tranquilo e costuma prepará-lo para direcionar sua atenção à vida familiar após certo tempo, sobretudo quando percebe que está envelhecendo e que não será totalmente autossuficiente para sempre. Se ele de fato focar na família, provavelmente, se comportará de forma semelhante à do Espírito da Floresta, levando o alimento para casa, preparando o fogo e lendo histórias do mar para os filhos. Ele pode ser um companheiro e pai dedicado, mas nunca abrirá mão de seu amor pela natureza. Se sua companheira puder compartilhá-lo com a Mãe Natureza, ambos serão capazes de estabelecer uma vida feliz e pacífica juntos.

O **Fauno da Floresta** é um Fauno que desistiu de parte da liberdade de sua juventude para ser marido e pai. Costuma ser gentil e divertido, mas um pouco preguiçoso nesses papéis. Compõe parcerias melhores com um tipo tranquilo, como a Duende, ou com a energética Sílfide, que consegue lidar com algumas das obrigações extras que ele possivelmente negligencia. Sua alma encantadora e juvenil facilita o bom relacionamento com os filhos, embora possa ser menos bem-sucedido ao lidar com algumas das responsabilidades inerentes à paternidade.

Os **Gnomos da Floresta** são criaturas de negócios que finalmente perceberam que a vida os está deixando para trás e que não passaram tempo suficiente com a família. Essa percepção pode acontecer após um alerta relacionado a uma doença física, uma vez que os dinâmicos Gnomos, às vezes, são propensos às enfermidades ligadas ao estresse. Porém, quando concentra sua atenção na vida doméstica, o Gnomo da Floresta é um pai encantador. Você pode encontrá-lo todos os fins de semana no quintal fazendo churrasco ou jogando basquetebol com os filhos.

Os **Bodes Gnomos** são menos prósperos na conquista do que os típicos Sátiros ou Bodes Urbanos, pois seu lado Gnomo os torna menos sutis no temperamento luxurioso. Sua presa os reconhecerá e frequentemente será capaz de esquivar-se de seus avanços, pelo menos por algum tempo. No entanto, a vantagem do Bode Gnomo sobre o Sátiro, e até mesmo sobre o Bode Urbano, é sua persistência. Ele é tão determinado para conquistar a criatura feminina de sua preferência quanto o Gnomo típico é para alcançar sucesso no trabalho. Enquanto o Sátiro usa seu encanto e elegância para tal, o Bode Gnomo recorre ao seu sucesso financeiro e personalidade agressiva para atrair suas criaturas. Ele pode largá-las por outra, rapidamente, mas de fato sabe como servir vinho, jantar e criar um clima de romance com qualquer criatura que o atraia.

Um **Bode Vampiro** é uma mistura de Vampiro e Sátiro. Eles podem se parecer com o típico Vampiro pálido e elegantemente vestido, mas enquanto o Vampiro desenvolveu sua personalidade por motivos complexos (que podem incluir razões sexuais), o Bode Vampiro está interessado nessa aparência externa por apenas um objetivo: é um excelente meio de pegar Vampiras! Esse tipo é problemático para qualquer Vampira ou tipo de combinação que inclua uma Vampira, porque ela pode não reconhecê-lo, a princípio, confundindo-o com um Vampiro típico. A Vampira gosta de intensos relacionamentos amorosos, monogâmicos e apaixonados, e não suporta a promiscuidade do Bode Vampiro por muito tempo. Se ele a amar o suficiente, poderá ser capaz de desenvolver mais seu lado Bode.

Conforme mencionado, as criaturas podem evoluir de um tipo para outro. Os Centauros e os Elfos das Árvores têm propensão a se transformar em parciais Espíritos da Floresta, especialmente após se tornarem pais, mas isso raramente acontece com os Faunos ou com os Sátiros. Um Elfo Urbano, após muita terapia, ioga e uma dieta vegetariana, pode se transformar em um Elfo das Árvores. Os Gnomos podem se transformar em Elfos Urbanos, se buscarem terapia, ioga e meditação. Os Gigantes tendem a ser fiéis às suas naturezas originais, e raramente mudam. O que é mais importante observar sobre o conceito do tipo masculino em evolução é que não se deve ficar esperando que isso aconteça. Em outras palavras, por mais difícil que seja — sobretudo para uma fêmea poderosa com imaginação fértil (as Ninfas da Floresta e as Dríades em particular) —, mantenha os olhos abertos e não se apaixone pelo potencial. Você precisa aprender a apreciar cada tipo pelo que ele é e não tentar mudá--lo, de forma alguma!

Combinações Femininas

Devido às semelhanças entre os dois tipos que a constituem, é fácil confundir uma ÁRVORE DA FLORESTA com uma Ninfa da Floresta ou com uma Dríade. No entanto, se ela possui dons artísticos e terapêuticos simultaneamente, provavelmente, é uma combinação de tipos. Muitas terapeutas de arte e dança se encaixam nessa categoria. Em geral, elas são menos sensuais publicamente e vestem-se com mais elegância do que as Ninfas da Floresta, e são menos identificadas claramente por seus poderes terapêuticos do que as Dríades. Algumas Dríades podem ser um pouco narcisistas, em relação às suas habilidades, e as Ninfas da Floresta podem ser bastante autodepreciativas. Esses tipos podem virar Árvores da Floresta à medida que envelhecem. As Ninfas da Floresta podem descobrir que seus talentos artísticos podem ser usados não somente para autocurar-se, mas também para ajudar outros. As Dríades podem se tornar mais humildes quando percebem que suas capacidades terapêuticas são um dom que vem do sofrimento e da maturidade, não de uma expressão de seus egos.

As NINFAS ELFAS URBANAS são uma mistura de Elfa Urbana com Ninfa da Floresta, que constitui uma fascinante combinação de intelecto e paixão. Essas criaturas geralmente têm cabelos compridos e desarrumados, que mantêm cortados na altura dos ombros quando atingem a meia-idade. Elas nunca trocam seus óculos pequenos e elegantes por lentes de contato. Muitas escritoras se encaixam nessa categoria. A Ninfa Elfa Urbana é tímida,

OS TIPOS

lê muito e frequentemente trabalha no campo acadêmico. Sua alma fogosa pode ser revelada por meio da escrita criativa, que irradia calor e transborda de exuberante beleza.

As Ninfas da Floresta/Fadas ou **Ninfadas** escondem sua sensualidade fogosa e temperamento ardente sob um comportamento mais discreto. Falam suavemente e, no início, assumem uma postura submissa. Porém, quando uma criatura desse tipo revela sua verdadeira natureza de Ninfa, seu parceiro pode se surpreender.

Uma **Ninfa da Noite** é uma combinação de Ninfa da Floresta com Vampira. Enquanto uma Vampira tem um estilo claramente ousado, a Ninfa da Noite é um pouco mais contida. Ela ainda gosta de parecer sensual, e frequentemente se veste de preto, mas é menos preocupada com a imagem do que a Vampira, e dá mais ênfase à arte que produz em vez de se apresentar com uma peça de arte. Ela expressa sua vulnerabilidade mais facilmente do que a Vampira. Enquanto Ninfas gostam de revelar tudo, a Ninfa da Noite pode se engajar em um desnudamento emocional mais sutil, mantendo algum mistério.

A Dríade/Fada ou **Árvore Fada**, muitas vezes, procura se empregar na indústria da beleza, onde pode ajudar outras pessoas a se sentirem bem consigo, de fora para dentro. Embora pareça que uma Árvore Fada esteja apenas cortando seu cabelo ou fazendo um tratamento facial, na verdade ela está influenciando sua psique com seu encanto sutil, fazendo com que você se sinta alegre e tranquila (quando você permite). Algumas Árvores Fadas trabalham com astrologia, massagem e outras ferramentas usadas pelas Ninfas da Árvore, mas sempre parecem muito fabulosas enquanto fazem isso.

Os tipos **ÁRVORE SEREIA** combinam Sereias e Dríades. Elas são encantadoras terapeutas, capazes de fazer bem aos outros ao mesmo tempo em que mantêm uma imagem perfeita. Uma Árvore Sereia é a guru New Age, líder política ou apresentadora de programa de entrevistas ideal (pense em Oprah Winfrey), pois é capaz de influenciar destemidamente grandes grupos de criaturas com sua mensagem benéfica. Sua aparência e maneira de se comunicar, extravagantes, podem ajudá-la a difundir sua capacidade terapêutica com facilidade.

A GIGANTA DA ÁRVORE pode curar os outros em um nível profundo. Contida, modesta e tranquila em seu estilo, ela é mais poderosa do que aparenta. Possui toda a capacidade terapêutica natural da Dríade combinada ao jeito maternal e incentivador das Gigantas. Ela é mais pé no chão do que a Dríade, que é, algumas vezes, inconstante (afinal, ela é uma Ninfa). Esses tipos são excelentes terapeutas tradicionais.

As **FADAS URBANAS** são uma mistura sutil de suas homônimas. Elas são Elfas Urbanas com mais noção de estilo. Embora prefiram os óculos, os suéteres e as saias das Urbanas, sempre escolhem apenas os artigos de melhor qualidade. Quase sempre escolherão Miuccia Prada como sua estilista favorita, porque ela combina alta costura com uma estética extremamente inteligente. A Fada Urbana costuma trabalhar na indústria da moda, onde pode utilizar seu talento criativo e sua aguçada inteligência.

As Fadas/Sereias ou **Serfadas** são sociáveis, mas, no fundo, são pessoas caseiras. Podem empertigar-se em saltos altos durante a semana toda e, depois, passar o fim de semana em casa costurando lindas cortinas e procurando sapatos na internet. São maternais e gostam do papel de mãe, contanto que possam manter um pouco de encanto em sua vida diária. Parecem ser duronas, mas seus sentimentos são facilmente feridos.

Fadas Noturnas são uma combinação de Vampira e Fada. São um tipo bastante incomum, pois a sensibilidade terna da Fada costuma colidir com a imagem mais misteriosa da Vampira. No entanto, quando esses dois tipos se juntam, constituem uma criatura fascinante. Ela é extremamente feminina e criativa, bastante mal-humorada e sempre encantadora.

Sereias Sir (também conhecida como **Sirenas**) são Fadas Uivantes e Sereias que competem com a Sereia Noturna em termos de poder pessoal. A Sereia Sir está constantemente mudando sua imagem: um dia, ela pode ter cabelos rastafári até a cintura e, no dia seguinte, estar careca. Tudo que faz tem o objetivo de criar um efeito dramático. Costuma ser uma artista, combinando seu vigor e sua presença e voz, quase masculinas, com um encanto feminino. Ela pode levar seu público a se comportar de forma estranha e imprevisível; imagine uma Sirena sentada nas pedras, penteando os cabelos e chamando marinheiros para a morte com sua delicada voz e você terá uma ideia de seu poder.

Sereias Noturnas são Sereias e Vampiras. Embora o nome da Vampira possa lhe dar a impressão de que ela é alguém que tira proveito dos outros, não é o caso. Ela costuma ser tímida e insegura demais para manipular os outros muito bem. No entanto, quando combinada à dinâmica Sereia, a parte insaciável da natureza da Vampira emerge mais facilmente, e ela pode se dispor a se aproveitar de quase qualquer um em sua vida que possa alimentá-la de alguma forma. Essa combinação incomum é poderosa: ela pode mudar o mundo, se desejar fazê-lo, mas também pode ser extremamente egoísta.

Tipos Famosos

Eis uma lista de celebridades bem conhecidas e seus tipos — uma forma divertida para ajudar a compreender os tipos em sua vida. Conforme você observará, algumas categorias são mais completas do que outras, por ser mais provável que determinados tipos se exibam aos olhos do público. Você consegue acrescentar mais nomes a esta lista?

CENTAUROS
CELEBRIDADE:
Clive Owen, Johnny Depp, Daniel Day-Lewis, Sean Penn
CLÁSSICO:
Humphrey Bogart, Orson Welles

ELFOS DAS ÁRVORES
CELEBRIDADE:
Paul Simon, Jackson Browne, James Taylor, David Gray

ÁRVORES DA FLORESTA (ESPÍRITOS DA FLORESTA E ELFOS DA ÁRVORE)
CLÁSSICO:
Paul Newman

ELFOS URBANOS
CELEBRIDADE:
Daniel Radcliffe (Harry Potter), Moby, James Spader
CLÁSSICO:
Fred Astaire

ELFOS DE JARDIM
CELEBRIDADE:
Jude Law, Hugh Grant, Joe Jonas, Zac Efron
CLÁSSICO:
Rodolfo Valentino

ESPÍRITOS DA FLORESTA
CELEBRIDADE:
Robert Redford, Brad Pitt, Denzel Washington, Jake Gyllenhaal, Matt Damon
CLÁSSICO:
Jimmy Stewart, Henry Fonda, Gene Kelly

TRITÕES
CELEBRIDADE:
Jeff Bridges, Gary Busey, Kurt Russell, Patrick Swayze, Nick Nolte, Matthew McConaughey
CLÁSSICO:
Johnny Weissmuller, Lloyd Bridges

CAVALOS D'ÁGUA (CENTAURO E TRITÃO)
CELEBRIDADE:
Keanu Reeves

GIGANTES
CELEBRIDADE:
Gérard Depardieu, Luciano Pavarotti, Bill Murray, Francis Ford Coppola, Steve Martin
CLÁSSICO:
Spencer Tracy, Walter Matthau

OS TIPOS

SÁTIROS
CELEBRIDADE:
Warren Beatty, Kobe Bryant, Trent Reznor, Anthony Kiedis, Colin Farrell, Russell Crowe
CLÁSSICO:
Cary Grant

GNOMOS
CELEBRIDADE:
Woody Allen, David Sedaris
CLÁSSICO:
Groucho Marx

FAUNOS
CELEBRIDADE:
Tom Cruise, Brendan Fraser
CLÁSSICO:
Clark Gable

VAMPIROS
CELEBRIDADE:
David Bowie, Tim Burton, Christopher Walken, Nicolas Cage, Marilyn Manson, Perry Farrell
CLÁSSICO:
Edgar Allan Poe, Salvador Dali, Vincent Price, Jack Palance

LOBISOMENS
CELEBRIDADE:
Kurt Cobain, Heath Ledger, Bob Dylan, Robert Downey Jr., David Duchovny

CLÁSSICO:
James Dean

NINFAS DA FLORESTA
CELEBRIDADE:
Rachel Weisz, Penélope Cruz, Maggie Gyllenhaal, Sofia Coppola
CLÁSSICO:
Sophia Loren

DRÍADES
CELEBRIDADE:
Sarah McLachlan, Jewel
CLÁSSICO:
Judy Collins, Joan Baez, Carole King

ÁRVORES DA FLORESTA (NINFA DA FLORESTA E DRÍADE)
CLÁSSICO:
Joni Mitchell

ELFAS URBANAS
CELEBRIDADE:
Jodie Foster, Lisa Loeb, Tina Fey
CLÁSSICO:
Emily Dickinson

FADAS
CELEBRIDADE:
Kate Moss, Renée Zellweger, Cate Blanchett, Nicole Kidman, Michelle Williams

CLÁSSICO:
Audrey Hepburn, Veronica Lake

NINFADAS (NINFAS DA FLORESTA E FADAS)
CELEBRIDADE:
Sarah Jessica Parker

DUENDES
CELEBRIDADE:
Jennifer Aniston, Cameron Diaz, Reese Witherspoon, Kate Hudson, Goldie Hawn
CLÁSSICO:
Doris Day

SEREIAS
CELEBRIDADE:
Beyoncé, Madonna, Sharon Stone, Jennifer Lopez, Scarlett Johansson, Kim Cattrall, Queen Latifah, Pamela Anderson, Tyra Banks
CLÁSSICO:
Elizabeth Taylor, Mae West, Jayne Mansfield, Rita Hayworth

ÁRVORES SEREIAS (SEREIAS E DRÍADES)
CELEBRIDADE:
Oprah Winfrey

SERFADAS (FADA E SEREIA)
CELEBRIDADE:
Marilyn Monroe

GIGANTAS
CELEBRIDADE:
Kate Winslet, Julianne Moore
CLÁSSICO:
Ingrid Bergman

SEREIAS GIGANTES (SEREIA E GIGANTA)
CLÁSSICO:
Meryl Streep

FADAS UIVANTES
CELEBRIDADE:
Sinead O'Connor, Alanis Morissette, Tori Amos, Ani DiFranco
CLÁSSICO:
Sylvia Plath

SEREIAS SIR (SEREIA E FADA UIVANTES)
CELEBRIDADE:
Angelina Jolie, Tina Turner

GNOMAS
CELEBRIDADE:
Diane Keaton, Laura Linney, Helen Hunt
CLÁSSICO:
Katharine Hepburn

SÍLFIDES
CELEBRIDADE:
Julia Roberts, Sally Field, Mary Tyler Moore, Anne Hathaway, Geena Davis

SÍLFIDES DA FLORESTA (NINFA DA FLORESTA E SÍLFIDE)
CLÁSSICO:
Judy Garland

VAMPIRAS
CELEBRIDADE:
Helena Bonham Carter, Cher, Dita Von Teese, Chistina Ricci, Elvira, Lisa Marie Presley
CLÁSSICO:
Carolyn Jones (Morticia Addams), Maila Nurmi (Vampira)

MULHERES LOBISOMEM
CELEBRIDADE:
Winona Ryder, Lindsay Lohan, Britney Spears
CLÁSSICO:
Greta Garbo, Anne Sexton

LOBIS SEREIAS (MULHER LOBISOMEM E SEREIA)
CELEBRIDADE:
Courtney Love

Tipos na Literatura

Os tipos de criaturas da floresta são retratados continuamente em diversos momentos na cultura popular. Os mitos antigos e os contos de fadas, assim como a literatura mais contemporânea, estão repletos de referências a eles.

É interessante observar que determinados tipos dominam o papel de protagonista na maioria das histórias. Por que é assim? Parece-me que isso tem a ver com o fato de que, historicamente, nossa cultura valoriza tipos masculinos tradicionalmente fortes (como os Espíritos da Floresta, Centauros e até Sátiros) e tipos femininos aparentemente passivos (Duendes, Fadas e Gigantas), em detrimento de tipos masculinos introvertidos, como Elfos Urbanos e Gnomos; e dos femininos assertivos, como Sereias e Fadas Uivantes. (É claro que todos os tipos podem ter características assertivas e passivas, embora um aspecto geralmente predomine.) Tentei encontrar histórias que retratem cada tipo e espero encontrar mais na nova geração de escritores que destacam os tipos menos visíveis em seu trabalho. Por que não um Fauno herói e uma Gnoma heroína?

A Bela e a Fera é um exemplo de história sobre uma Fada doce e corajosa e um Gigante, na casa dele, que é cheia de raras peças mágicas, tais como um espelho falante e um encantado jardim de rosas.

Branca de Neve e os Sete Anões trata de uma Dríade e de sete Espíritos da Floresta, que tomam conta dela.

OS TIPOS

Chapeuzinho Vermelho é uma expressão perfeita da dinâmica entre um Sátiro e uma animada, porém um pouco ingênua, Sílfide.

Cinderela é um conto clássico sobre uma Duende e um Elfo de Jardim. Na verdade, a dinâmica Duende é o foco da história, e o Elfo de Jardim mais passivo, embora amoroso, está particularmente interessado nos sapatos dela.

O mito de **Cupido e Psique** é um exemplo de Ninfa da Floresta extremamente amorosa que se apaixona por um Fauno volúvel e dominado pela mãe.

Aracne, na mitologia grega, é uma Gnoma tecelã, hábil e competitiva, que é punida pela deusa Atena (outra Gnoma?) por sua ostentação e perícia, e transformada em uma aranha.

Odisseu é um Tritão que deixa sua leal esposa Giganta, Penélope, para sair em uma viagem, durante a qual ele conhece a linda e controladora Sereia Calipso, que tenta aprisioná-lo em sua ilha, e a Fada Uivante Circe, que o enfeitiça.

Nodens, o deus celta da saúde, é um exemplo de Elfo das Árvores.

Hamlet é um Lobisomem clássico, dividido entre as duas nuances de sua natureza.

Jane Eyre é uma inteligente Elfa Urbana, porém despojada, e Edward Rochester é um Centauro mal-humorado e passional.

Os romances góticos retratam muitos Vampiros e Vampiras, com destaque para o Conde e Lucy em **Drácula** de Bram Stoker.

Madame Bovary é um conto trágico de Mulher Lobisomem no qual a personagem principal se entrega às suas paixões em casos amorosos adúlteros e, finalmente, toma arsênico e morre. Espero que algum dia alguém escreva um romance agradável e positivo protagonizado por uma Mulher Lobisomem!

Em **A Canção de Amor, de J. Alfred Prufrock**, um Gnomo de meia-idade frustrado tenta expressar seus pensamentos e sentimentos de forma bastante neurótica, embora extremamente poética e bonita.

O protagonista de **O Apanhador no Campo de Centeio**, escrito por J. D. Salinger, é um sensível Elfo Urbano, em vias de tornar-se cínico, em um ambiente urbano.

Casais Mitológicos

COMO OS TIPOS SE RELACIONAM ENTRE SI

Casais Femininos-masculinos

Agora que você está familiarizado com os tipos, pode querer examinar como eles formam casais. Que desafios uma Fada encontrará com um Gigante? Quais são as alegrias em um relacionamento entre uma Ninfa da Floresta e um Sátiro? Como podem, um Elfo Urbano e uma Vampira, aprender a conviver um com o outro?

Formei casais de todos os tipos masculinos e femininos para encontrar as combinações mais fáceis e mais difíceis, e sugerirei formas de fazer tudo funcionar bem até mesmo para os casais mais problemáticos, uma vez que, na floresta da vida, o amor pode conquistar tudo se ambas as criaturas estiverem dispostas a trabalhar para que isso aconteça.

николая NINFA DA FLORESTA (*feminino*) + CENTAURO (*masculino*)

Assim que vê um Centauro verdadeiro, uma Ninfa da Floresta pode ouvir este som na cabeça, ou até mesmo pronunciá-lo em voz alta: "Opa." Ela sabe que esse é o ser que imagina como companheiro desde que ela era uma criaturinha da floresta. Ela também sabe que se tornará muito vulnerável e poderá se machucar. Porém, isso não a deterá. A libido alta e o coração aberto da Ninfa não a deixarão descansar até que chegue perto dessa besta encantadora. Ele é menos intuitivo com os relacionamentos e ignorará o "Opa", se é que ao menos o ouvirá. Ele nunca passou muito tempo pensando sobre como seria sua futura companheira, embora seja, muitas vezes, fisicamente atraído por uma grande variedade de criaturas. Ele pode estar muito ocupado com seu projeto atual para notá-la, a princípio. Porém, um Centauro gostará da criatividade da Ninfa da Floresta e admirará, sobretudo, sua energia sexual. No entanto, é possível que seu ego frágil de artista fique amedrontado se ela alcançar mais sucesso nas artes do que ele, o que o fará se afastar dela e se envolver em seu trabalho, de modo ainda mais determinado, fazendo-a se sentir rejeitada. Ele não estará completamente presente, na cama ou fora dela, e isso pode deixar a Ninfa da Floresta furiosa de frustração! Se ela tiver paciência com ele, e se ele conseguir atingir algum nível de sucesso comparável ao dela, eles formarão um casal perfeito, cheio de paixão sensual e criativa. Suas brigas podem ser apavorantes de se testemunhar, uma vez que Ninfas têm problemas para controlar seu temperamento, e os Centauros, embora geralmente calmos, ficam amedrontadores quando finalmente provocados a ponto de soltar sua raiva. Como compensação para isso, o sexo, no momento de fazer as pazes, pode ser um dos mais ardentes da floresta!

Ninfa da Floresta (*feminino*) + Elfo das Árvores (*masculino*)

Esse casal se atrai com facilidade, e parece criar imediata intimidade. A Ninfa da Floresta amará a ternura e a personalidade extrovertida do Elfo das Árvores, assim como suas habilidades terapêuticas. Ele desejará cuidar dela e irá ajudá-la a desenvolver sua autoestima. Eles, provavelmente, terminarão o primeiro encontro com um grande e afetuoso abraço, e quando a intimidade crescer, desfrutarão de sexo divertido com muito contato visual e comunicação. Seu interesse mútuo pelas artes e pela psicologia estimulará longas conversas ao ar livre, acompanhadas por piqueniques saudáveis. Os desafios surgem quando a Ninfa da Floresta percebe que as afetuosas e acolhedoras qualidades de seu Elfo das Árvores não são reservadas apenas a ela. Ele quer e precisa se conectar com muitas criaturas, mesmo que esteja sexualmente envolvido com apenas uma. Isto pode ser difícil para a Ninfa da Floresta ciumenta, que pode mostrar seu descontentamento em público. O Elfo das Árvores tentará resolver essa questão porque gosta de cuidar de seus relacionamentos, mas pode se tornar impaciente após algum tempo. Se ela admitir a própria parcela de culpa no conflito e ele estiver disposto a persistir, eles podem estabelecer um apaixonado e duradouro vínculo.

Ninfa da Floresta (*feminino*) + Elfo Urbano (*masculino*)

A Ninfa da Floresta será atraída pela inteligência e pela elegância do Elfo Urbano, e ele gostará da sexualidade fogosa e da natureza emotiva dela, contanto que ela não tente se aproximar muito dele; pois ele se retrairá ou pode, até mesmo, confrontá-la. Se ela for devagar e não pressioná-lo, eles poderão desfrutar de visitas a museus, cafés e livrarias, seguidas de sexo exótico, embora ela possa sentir falta do contato visual e das trocas emocionais mais delicadas que tanto aprecia. Se esses dois decidirem fazer evoluir seu relacionamento, a Ninfa da Floresta terá de acalmar seu temperamento e tentar superar suas inseguranças, e o Elfo Urbano poderá precisar abrir seu coração.

Ninfa da Floresta (*feminino*) + Elfo de Jardim (*masculino*)

Uma Ninfa da Floresta achará que se reconhece no Elfo de Jardim, que por sua vez pode se apaixonar perdidamente, tem muita energia para criar coisas bonitas e se magoa com facilidade. Eles se tornarão amigos rapidamente, e ela suportará o sarcasmo dele por algum tempo porque ama seu jeito brincalhão e porque ele sabe como se divertir com ela. Porém, se ele insistir muito com seu humor irritante, ela virará as costas para ele definitivamente, que pode não conseguir se redimir diante dela. Ele, por sua vez, ficará ofendido com a rejeição dela. Após algum tempo separados, eles podem sentir falta um do outro a ponto de restabelecerem o relacionamento e enfrentarem juntos as outras criaturas da floresta, buscando a solidariedade de criaturas com ideias semelhantes para povoar seu círculo social.

Ninfa da Floresta (*feminino*) + Espírito da Floresta (*masculino*)

A Ninfa da Floresta evitará o Espírito da Floresta porque presume, de imediato, que ele é lindo demais para notá-la. Ela também criticará sua capacidade intelectual e profundidade emocional, como forma de defender-se de uma possível rejeição. Um Espírito da Floresta pode, de fato, nem notar a Ninfa da Floresta, por ela se tornar muito tímida e reservada perto dele. Mesmo que ele a perceba, sua atenção pode ser atraída por uma criatura mais confiante. No entanto, se a Ninfa da Floresta tiver oportunidade e destilar sua sexualidade no Espírito da Floresta, ele pode ficar impressionado e querer conhecê-la melhor. Ela pode achar que ele tem mais profundidade e ternura do que aparenta, e ficará muito animada quando observar como ele se comporta com crianças — o coração dela se encherá de sonhos sobre estabelecer um relacionamento duradouro e começar uma família. O Espirito da Floresta pode estar buscando uma companheira um pouco mais estável para esse fim, mas se ele for arrebatado pelo encanto sensual da Ninfa da Floresta, poderá decidir apostar nela. Ela será uma mãe surpreendentemente boa ao se sentir apoiada; e ele, um companheiro surpreendentemente leal; eles sempre se divertirão sozinhos ao final de um dia longo.

Ninfa da Floresta (*feminino*) + Tritão (*masculino*)

Uma Ninfa da Floresta necessita de muita atenção, mas pode sacrificar essa necessidade em determinados relacionamentos. Ela tem uma compreensão inata de como o processo criativo pode se tornar uma obsessão para o Centauro. Consegue, também, compreender o foco do Sátiro no sexo, uma vez que ambos compartilham esse interesse. Porém, é mais difícil para ela compreender outras obsessões; então, quando o Tritão revela seu amor pela natureza, a Ninfa da Floresta pode ficar confusa. Ela tentará permanecer envolvida com ele porque gosta de sua força física, personalidade amigável e inclinações espirituais. Ele costuma gostar do lado rebelde dela, semelhante a seu verdadeiro amor: o oceano. Porém, ao final, esses dois podem lutar para encontrar temas para conversar, e o sexo entre eles pode se tornar frustrante. A Ninfa da Floresta se cansará de tentar manter a atenção do Tritão, e ele se distrairá quando suas curvas o lembrarem de uma pista de esqui, ou, seus movimentos, de uma onda.

Ninfa da Floresta (*feminino*) + Gigante (*masculino*)

Gigantes são menos obsessivos com Ninfas da Floresta do que com Fadas, mas podem facilmente se encantar com essas criaturas também. Um Gigante levará a Ninfa da Floresta para jantar e desejará presenteá-la. Ele ouvirá atentamente o que ela tem a dizer e não ficará intimidado com suas emoções ou criatividade. Ele se mostrará reticente em abordá-la com intenções sexuais e aguardará por um sinal da parte dela. Se estiver atraída pelo Gigante, a Ninfa da Floresta poderá tomar a iniciativa de propor um encontro sexual, confiante de que não será rejeitada. Porém, ele pode falar rispidamente com ela quando se tornarem íntimos, sobretudo se tiver qualquer insegurança em relação à própria sexualidade. Se isso ocorrer, ela pode se afastar, até que um dos dois faça um gesto conciliatório. Se terminarem juntos, esse ciclo pode se repetir durante anos. A boa notícia é que o leal Gigante e a expressiva Ninfa da Floresta podem ficar juntos se estabelecerem esse compromisso, por mais desafiador que seja.

Ninfa da Floresta (*feminino*) + Sátiro (*masculino*)

Superficialmente, esses dois parecem o casal perfeito. São ambos apaixonados e compartilham uma química física tangível. Na cama, a Ninfa da Floresta, mais ousada e generosa, pode ficar um pouco cansada dos métodos mais tradicionais do Sátiro, os quais são mais satisfatórios para ele (às vezes, com o sacrifício dela), mas é certo que ela ficará excitada com a ferocidade e a confiança sexual dele, sobretudo se tiver acabado de sair de um relacionamento com um Elfo Urbano ou um Fauno!

A fonte de conflito mais provável entre eles são as necessidades emocionais da Ninfa da Floresta — o Sátiro simplesmente não consegue apoiá-la da forma que ela deseja, e ela pode se tornar cada vez mais exigente. A menos que ele seja capaz de evoluir, seja pela terapia, pelo amadurecimento ou pelo amor verdadeiro, o Sátiro se afastará assustado dessa pressão e a usará como desculpa para seguir para sua próxima conquista, deixando a extremamente emotiva Ninfa da Floresta temporariamente de coração partido.

Não é motivo para se preocupar; sua libido alta e seu coração caloroso a ajudarão a se curar e a encontrar um companheiro mais adequado. Ela deve sempre se lembrar de não levar muito para o lado pessoal aquilo que se refere aos relacionamentos, sobretudo com um Sátiro.

Ninfa da Floresta (*feminino*) + Gnomo (*masculino*)

A Ninfa da Floresta, inicialmente, ficará desanimada com o que considera ser uma atitude crítica da parte do Gnomo. Ela achará que ele a critica sempre, e ele pode mesmo estar fazendo isso. Ele considera seu cabelo geralmente desarrumado e a inexperiência emocional dela um pouco desconcertante, e não compreenderá seus processos mentais, tendências espirituais ou estilo pouco convencionais. Por sua vez, ela ficará confusa com sua atitude combativa. Se eles conseguirem perceber que o jeito agressivo dele e a exposição (ou exposição exagerada) emocional dela são defesas que camuflam as mesmas inseguranças, podem baixar suas defesas e começar a desenvolver um relacionamento baseado em intelectos afiados e altas doses de energia.

Ninfa da Floresta (*feminino*) + Fauno (*masculino*)

É possível que esses dois gostem um do outro imediatamente. Os Faunos admiram criaturas que demonstram sua paixão e sabem como canalizá-la. As Ninfas da Floresta se sentirão seguras com a natureza carinhosa do Fauno. Ele não fica olhando para outras criaturas quando estão juntos; é sensível aos sentimentos dela e sempre educado. Ele não ficará amedrontado com a força dela. Ela gosta do jeito engraçadinho dele. Ela pode não estar consciente disso, mas ter um namorado atraente a faz se sentir melhor. Haverá uma atração arrebatadora maravilhosa entre eles. Se começarem a namorar, terão encontros prazerosos, apreciarão filmes, músicas e atividades sociais com amigos semelhantes.

Seus beijos serão cheios de paixão e carinho. No entanto, a Ninfa da Floresta pode sentir que algo está faltando, à medida que o relacionamento progride, e o Fauno não satisfizer suas necessidades. Pode se sentir rejeitada por causa da passividade dele e começar a procurar coisas nele para criticar. Nessa ocasião, ela se dará conta, pela primeira vez, que ele pode não ser tão ambicioso quanto ela, e a falta de sucesso material dele pode começar a incomodá-la, o que, por sua vez, fará com que ele fique na defensiva e se feche. Todavia, uma amizade sólida está no centro desse relacionamento. Mesmo que os dois não possam satisfazer um ao outro romanticamente, há grande probabilidade de permanecerem amigos.

Ninfa da Floresta (*feminino*) + Vampiro (*masculino*)

A Ninfa da Floresta pode desconfiar do jeito distante do Vampiro. Ele pode ficar desanimado com a personalidade efusiva dela e com a falta de atenção para detalhes relativos à aparência e ao estilo de vida. O gosto dela por música, arte, filme e moda pode se sobrepor ao dele, mas a gama de interesses dela é geralmente muito mais extensa. Ele pode ser um pouco esnobe, somente se associando a criaturas que têm uma estética quase exatamente igual à dele. É improvável que eles possam superar essas diferenças estilísticas, mas, se o fizerem, podem descobrir que conseguem se relacionar um com o outro pelo menos como amigos criativos ou fontes de inspiração.

Ninfa da Floresta (*feminino*) + Lobisomem (*masculino*)

As Ninfas da Floresta podem confundir um Lobisomem com um Centauro ou com um Fauno e se apaixonar rapidamente por ele. O Lobisomem se parece com a criatura multitalentosa que ela está procurando — amigável, criativa, inteligente, atraente e com algum senso de estilo. Porém, existe algo vagamente perturbador em relação a ele que ela não consegue definir. Quando ele abusa da bebida na companhia dela, esse aspecto de sua personalidade torna-se claro. Se seu lado misterioso não se revelar imediatamente e ela já estiver ligada nele, poderá decidir permanecer na relação e tentar ajudá-lo a superar seu vício, mas se o lado obscuro dele logo ficar evidente, ela poderá se apavorar ao primeiro sinal. O comportamento instável dele a faz lembrar-se de seus próprios altos e baixos emocionais, e isso a apavora. Ele pode ter se sentido inicialmente atraído por ela presumindo que ela fosse liberal, tolerante e capaz de compreender sua natureza quixotesca, então, ficará surpreso e decepcionado com a reação dela quando se sentir insultada ou amedrontada de qualquer maneira. Normalmente, é melhor esses dois trabalharem suas questões individualmente, antes de tentar ficar juntos.

Dríade (*feminino*) + Centauro (*masculino*)

Dríades e Centauros formam um bom casal. Ela é, provavelmente, tão dedicada ao trabalho quanto ele, então, não haverá tensão entre eles se um ou o outro se envolver em um projeto e desaparecer por alguns dias. Eles se reencontrarão com muitas ideias para compartilhar e com uma paixão renovada um pelo outro. Ele traz à tona o lado mais ambicioso dela; e ela, a sensibilidade dele. Eles poderiam facilmente começar uma família juntos, embora a maior parte do trabalho na criação dos filhos, provavelmente, fique a cargo dela. Ela será capaz de lidar com isso e ainda manter seu vínculo com o trabalho, pois as Dríades têm muita energia para realizar diversas tarefas. Raramente brigarão, porque ambos têm um coeficiente de inteligência emocional bastante alto, e a Dríade é perita em comunicar seus sentimentos de uma forma que não amedronta. Se ela, de fato, ficar aborrecida com alguma coisa, ele saberá como tranquilizá-la com sua confiança calma, porém intensa.

Meus pais eram esse tipo de casal. Meu pai, um pintor, cresceu por causa do estímulo e da dedicação de minha mãe Dríade. Minha mãe tornou-se uma pessoa mais segura após tornar-se musa dele. Não tinha necessidade de competir com ele criativamente, pois sentia que suas contribuições eram expressas na arte em si. Ela também se contentou em direcionar sua energia para me criar e a meu irmão, Espírito da Floresta, enquanto meu pai se concentrava em seu trabalho criativo e, por sua vez, estimulava o meu. Centauros frequentemente geram Ninfas da Floresta ou Fadas Uivantes!

Dríade (*feminino*) + Elfo das Árvores (*masculino*)

Esse casal é bastante corriqueiro e geralmente bem-sucedido. É provável que esses dois tipos terapêuticos se encontrem por meio do trabalho, voluntariado, ou em atividades recreativas, e tenham muito em comum. Ambos desejam tornar o mundo um lugar melhor, e essa paixão alimenta seu relacionamento romântico. Ficarão tão ocupados em compartilhar as mesmas atividades (caminhadas, ioga, massagem, comidas naturais etc.) e em trabalhar para um objetivo comum que não sobrará tempo para que muitos problemas surjam entre eles. Sua conexão sexual costuma ter um componente espiritual. Às vezes, devido à sua natureza extremamente sensível, a Dríade pode ficar inibida na cama, mas o Elfo das Árvores pode ajudá-la a se libertar de alguns de seus medos. Se tiverem um desentendimento, sabem como resolvê-lo com uma conversa respeitosa. O único desafio importante para esses dois é a atitude extrovertida do Elfo das Árvores com outras mulheres. A Dríade é muito menos galanteadora do que ele. Ela é bastante tolerante, mas após determinado ponto pode se sentir ameaçada, e ele precisará deixar um pouco de dar abraços e dançar de corpo colado para acalmá-la.

Minha combinação favorita Dríade/Elfo das Árvores é um casal na casa dos 60 anos que já está junto há 20. Ele faz massagem transformacional e ela realiza trabalho de energia terapêutica, usando seus conhecimentos sobre educação, seus estudos com os maoris e suas habilidades psíquicas naturais. Eles sempre conseguem resolver quaisquer questões usando sua capacidade de comunicação, altamente desenvolvida. É uma alegria estar perto deles, que são um símbolo de esperança para Dríades e Elfos das Árvores em todos os lugares.

CASAIS MITOLÓGICOS

Dríade (*feminino*) + Elfo Urbano (*masculino*)

Os Elfos Urbanos costumam ser muito atraídos por Dríades. Ela representa uma parte dele mesmo com a qual mantinha contato na juventude, talvez um Elfo das Árvores em potencial. À medida que envelheceu, ele pode ter perdido essa ligação com o mundo natural e a espiritualidade, e tentará redescobri-la por meio da Dríade. Eles podem ter uma conexão muito poderosa durante essa fase do relacionamento. Em geral, a Dríade se sentirá segura com o Elfo Urbano e começará a explorar sua sexualidade com ele. No entanto, ele pode acabar se sentindo ameaçado pela capacidade dela de se abrir emocionalmente e pelo apelo dela de que ele faça o mesmo. Se o Elfo Urbano conseguir gerenciar essa situação, eles podem ter um relacionamento amoroso duradouro; caso contrário, os problemas aumentarão e eles podem não ser capazes de superá-los.

Um Elfo Urbano que namorei ainda era casado com uma Dríade. Embora ela o tivesse deixado anos antes, eles permaneceram bons amigos, e a intensidade do relacionamento continuou a representar uma ameaça emocional para as novas caras-metades de ambos. Ele se sentia muito orgulhoso por ela ensinar ioga e praticar meditação, nunca usar maquiagem e entender como ele realmente era, e chegou a me comparar a ela mais de uma vez. Qualquer criatura feminina que se envolva com um Elfo Urbano deve se certificar de que esse tipo obstinado realmente terminou seu relacionamento anterior antes de se envolver. De modo inverso, qualquer criatura feminina que já tiver se envolvido com um Elfo Urbano enamorado pode, provavelmente, esperar que ele apareça novamente algum dia caso as coisas não tenham acabado mal.

Dríade (*feminino*) + Elfo de Jardim (*masculino*)

Conheço um casal Dríade/Elfo de Jardim profundamente apaixonado um pelo outro. O Elfo de Jardim se sente imediatamente tranquilo e protegido pela presença serena da Dríade. Ele realmente nunca se cansa dela. Enquanto pode ser crítico em relação a determinados tipos, é muito sensível a ela e raramente dirá uma palavra grosseira para a Dríade ou sobre ela, que o adora também. Eles compartilham um amor por flores, pela natureza e pela beleza. Seu romance é carinhoso e terno, tranquilizador para ambos.

Dríade (*feminino*) + Espírito da Floresta (*masculino*)

Uma das razões para os habitantes da floresta se juntarem é para que possam crescer, devido aos desafios que o relacionamento apresenta. A Dríade e o Espírito da Floresta não são muito de desafiar um ao outro. Embora o Espírito da Floresta possa ficar contente com isso, a Dríade costuma buscar formas de estimular seu crescimento pessoal. Por esta razão, ela pode não se sentir atraída pelo Espírito da Floresta. Se ela não o perseguir, ele talvez não a note, e eles caminharão separados pelas trilhas da floresta. Se eles de fato decidirem se juntar, e eu conheço mais de um casal que o fez, terão um relacionamento muito agradável e podem decidir formar uma família. A Dríade, então, provavelmente, se concentrará em sua prole, como forma de satisfazer suas necessidades de crescimento.

Dríade (*feminino*) + Tritão (*masculino*)

Este é um casal romântico fácil e muito corriqueiro. O amor pela natureza que a Dríade sente combina bem com a fixação do Tritão. Ela o obriga a ser prático, e ele a inspira. O Tritão pode ensinar à Dríade que toda a verdade que ela busca reside no mundo natural que ela tanto ama, e ela pode ajudá-lo a compreender o oceano emocional que reside dentro dele. Ambos são espíritos livres, mas a Dríade é, algumas vezes, um pouco cautelosa, e o Tritão pode ajudá-la a expandir seus horizontes. Conheço um casal assim, que escolheu conscientemente não ter filhos e, em vez disso, viajar pelo mundo compartilhando muitas experiências maravilhosas.

Dríade (*feminino*) + Gigante (*masculino*)

Dríadas e Gigantes se entendem muito bem. A Dríade tem o charme feminino da Fada e a energia criativa da Ninfa da Floresta, mas é menos exigente e impaciente do que esses dois tipos. O Gigante irá admirá-la e ela apreciará profundamente a gentileza, estética refinada e maneira carinhosa de ser dele. Eles são capazes de cultivar um relacionamento carinhoso, senão o mais ardente de todos. Os desafios surgirão se o Gigante confiar excessivamente na Dríade para curar as feridas de sua infância. Ele próprio precisa assumir responsabilidade por isso (talvez com uma Dríade terapeuta em vez de companheira). Sua Dríade apaixonada desejará ajudá-lo, e ela não se ressentirá por causa das necessidades dele, mas o relacionamento pode se tornar desequilibrado se ela priorizá-lo. Aconselho minha amiga Dríade nessa situação a sempre lembrar-se de se cuidar primeiro. Ela me diz que sou tanto Dríade quanto ela no sentido de, às vezes, problematicamente, colocar as necessidades alheias antes das minhas.

Um bibliotecário Gigante e uma terapeuta massagista Dríade que conheço parecem dançar juntos, felizes, pela vida, desfrutando dos prazeres da natureza, dos livros e das técnicas terapêuticas experimentais.

Dríade (*feminino*) + Sátiro (*masculino*)

Por mais autoconsciente que seja, a Dríade pode, no entanto, tornar-se vítima dos avanços do Sátiro, sobretudo se ele estiver disfarçado de Elfo das Árvores. O Bode das Árvores é um companheiro perigoso para a Dríade. Ele usará todas as habilidades de terapia e de compaixão do Elfo das Árvores para levá-la para a cama e, depois, revelará sua personalidade de Bode quando a abandonar pela criatura feminina seguinte, o que pode arrasar com a sensível Dríade. Embora alguns tipos possam lidar com o Sátiro, a Dríade deve evitá-lo completamente.

Dríade (*feminino*) + Gnomo (*masculino*)

O Gnomo um tanto crítico pode alienar a sensível Dríade quando se encontrarem pela primeira vez. Ele não compreenderá por que ela o está evitando, pois ele costuma não perceber quando fere os sentimentos de alguém. Do ponto de vista dele, ela é uma criatura adorável, que ele quer conhecer melhor. Se a Dríade puder gentilmente explicar seus sentimentos para o Gnomo, ele conseguirá suavizar sua abordagem, e é possível que comecem a se aproximar. Todavia, eles são muito diferentes, e o relacionamento pode não durar.

Em um caso que observei, os avanços sexuais abruptos do Gnomo pareceram insensíveis à sua Dríade. Ele é mais materialista e não compreende por que a Dríade não consegue lidar com seu dinheiro de uma forma mais prática, ou se vestir de forma mais convencional. Ela quer que ele revele suas vulnerabilidades, não percebendo que o Gnomo passou uma vida inteira procurando mantê-las escondidas, ou somente as revelando por meio do humor e do sarcasmo. Eles terão de negociar muito (e consultar um guia mitológico do namoro!) para fazer com que isso funcione.

Dríade (*feminino*) + Fauno (*masculino*)

Embora seja provável que esses dois se tornem amigos, a situação pode não evoluir para um romance. O Fauno se sentirá atraído pelas qualidades terapêuticas da Dríade e ela valorizará as habilidades de ouvinte interessado e as atitudes gentis dele. Ele pode não compreender bem os interesses dela por cristais e astrologia, mas não os rejeitará abertamente. Ela pode achar que ele dedica tempo demais à academia, mas compreende que esse é o jeito dele de evitar vícios destrutivos. Nenhum desses tipos é muito agressivo sexualmente, embora ambos gostem de contatos carinhosos. Podem terminar se abraçando muito, e nada mais. Provavelmente, permanecerão bons amigos, aconteça o que acontecer.

Conheço um Fauno e uma Dríade, ainda ágeis aos 70 anos de idade, que tiveram um romance na juventude e se encontraram novamente por volta dos 50 anos. Namoraram por algum tempo, mas ela decidiu romper o relacionamento quando um Lobisomem entrou em cena. As coisas não funcionaram com o problemático Lobisomem e o Fauno ainda estava esperando, 20 anos mais tarde. Eles agora são amigos íntimos, embora ela tenda a ser um pouco impaciente com ele. (Acho que ela é um pouco Ninfa da Floresta.)

DRÍADE (*feminino*) + VAMPIRO (*masculino*)

Vampiros e Dríades não terão muitas oportunidades para se conhecer. Eles vivem em mundos muito diferentes e, geralmente, cercam-se de outras pessoas com ideias afins. Isto pode se resumir ao fato de os Vampiros fazerem parte de um mundo noturno e as Dríades amarem a luz. Se seus caminhos se cruzarem ao amanhecer ou na hora do crepúsculo, eles podem não saber o que dizer um ao outro. Todavia, uma verdadeira Dríade é capaz de enxergar além da superfície, sendo possível que ela "crie o espaço" (na linguagem dela) para eles se unirem.

Dríade (*feminino*) + Lobisomem (*masculino*)

O Lobisomem que se sente no auge, provavelmente, não procurará um tipo Dríade. Ele buscará displicentemente Sereias ou Vampiras, talvez uma Fada. Porém, quando está em uma fase ruim, o Lobisomem é capaz de apreciar todos os encantos da Dríade terapêutica. Ele precisará que ela o ajude nos períodos mais difíceis, e ela será uma companheira maravilhosa. Ela é atraída pelo lado ferido dele, podendo notá-lo imediatamente, enquanto outros tipos podem não percebê-lo. O romance deles será abastecido pela energia da dinâmica entre paciente e terapeuta. Enquanto essa troca não funciona tão bem com um Gigante, o Lobisomem, aparentemente estoico, pode depender muito da Dríade por um longo período, sem prejudicar a essência de seu relacionamento. Ele pode ter um retrocesso de vez em quando, e ela ainda estará à disposição dele. Contanto que ele seja sincero em relação à própria cura, eles podem trabalhar bem juntos por um longo tempo e se beneficiarem com a experiência. No exemplo mais eficiente desse casal romântico que conheço, a Dríade, que saiu de uma experiência abusiva, cuida de seu Lobisomem, e ele a faz se sentir protegida das sombras escuras de seu passado.

Elfa Urbana (*feminino*) + Centauro (*masculino*)

No caso de um casal formado por Elfa Urbana/Centauro que conheço, ele percebe a verdadeira natureza sensual dela e é capaz de fazê-la desabrochar com mais eficiência do que quase qualquer outro. Ela o acha um gênio e o estimula ardentemente. Infelizmente, às vezes, o Centauro fica muito pouco concentrado e, francamente, é desleixado demais para o gosto dela. Ela fica irritada com muita frequência. A Elfa Urbana não gosta da bagunça que ele faz, de seus atrasos costumeiros e de ele não telefonar quando diz que o fará. Ele não gosta de ser repreendido e reage de forma até mesmo mais irritada. Se pressionado demais, qualquer um dos dois pode buscar consolo com uma criatura mais compreensiva, e o relacionamento sofrerá.

Elfa Urbana (*feminino*) + Elfo das Árvores (*masculino*)

O Elfo das Árvores pode ser um companheiro animador e divertido para a mais introvertida e estudiosa Elfa Urbana. Ele pode levá-la a explorar a natureza e despertar suas paixões reprimidas sob um carvalho às margens de um riacho. Por sua vez, ela pode ajudar o, às vezes, distraído Elfo das Árvores com o que ele estiver fazendo. O discernimento e as habilidades organizacionais dela são tão benéficos para ele quanto a espontaneidade dele é para ela.

A Elfa Urbana pode se tornar impaciente com a exuberância do Elfo das Árvores, e ele pode, algumas vezes, desejar uma companheira mais aventureira, mas, de modo geral, a parceria é boa. Conheço uma bibliotecária Elfa Urbana e seu marido Elfo das Árvores, discotecário, que são um exemplo vivo de como essa união pode funcionar.

CASAIS MITOLÓGICOS

Elfa Urbana (*feminino*) + Elfo Urbano (*masculino*)

Esses dois Elfos são tão semelhantes que parecem o casal perfeito, mas nem sempre é o caso. Eles costumam trabalhar para as mesmas empresas tecnológicas/artísticas e frequentam os mesmos lugares em suas horas vagas. Gostam dos mesmos livros, músicas e estética geral. Eles até se parecem fisicamente. No entanto, podem ser desestimulados pelo comportamento distante que percebem um no outro; esse jeito de ser os faz se lembrar de uma parte de si mesmos que nem sempre desejam que sobressaia. Essas criaturas são incialmente atraídas por tipos mais abertamente carinhosos, como os Centauros ou as Dríades. Porém, se um deles, ou ambos, estiver disposto a arriscar e abrir seu coração, eles podem formar um vínculo poderoso e duradouro.

Um dos casais mais felizes que conheço é formado por Elfos Urbanos. Ela havia passado por vários relacionamentos infelizes com Sátiros quando conheceu esse Elfo Urbano. Eles são praticamente a mesma pessoa — magros, com óculos combinando, mentes inteligentes e personalidades serenas, porém histericamente divertidas. Ele trabalha com computadores; ela é uma escritora. Eles se mudam para cidades diferentes dependendo do trabalho dele, mas residem sempre nas proximidades de museus, livrarias e boas cafeterias. Eles não terão filhos, mas são pais maravilhosos para seus queridos gatos.

Elfa Urbana (*feminino*) + Elfo de Jardim (*masculino*)

Esses dois formam um bom time. O senso inato de estilo dele e a educação tradicional e as habilidades tecnológicas dela combinam para ajudá-los a alcançar o sucesso. No entanto, ele pode ficar impaciente com o distanciamento dela. Ele pode parecer tranquilo, mas, na prática, aprecia mais as criaturas que gostam de contato físico; elas o tranquilizam. Após algum tempo, ela pode ficar ofendida com a língua afiada dele. Vale a pena para eles investir tempo em tentar resolver essas questões, porque seus talentos são muito complementares. Um Elfo de Jardim que conheço inspira sua Elfa Urbana e encontrou os óculos perfeitos para o rosto dela, enquanto ela o faz pensar em termos práticos e o ajudou a transformar seu projeto dos sonhos (uma butique de óculos!) em realidade.

Elfa Urbana (*feminino*) + Espírito da Floresta (*masculino*)

Essa é uma combinação rara. A Elfa Urbana nutrirá uma paixão secreta pelo Espírito da Floresta, mas não esperará que ele se interesse por ela. Além disso, ela pode julgá-lo superficial ou pouco inteligente. Ele está tão acostumado a ser abordado por criaturas femininas que se torna um pouco preguiçoso na hora de fazer o trabalho. A timidez dela e a preguiça dele podem dificultar uma aproximação. Se ela lhe mostrar seu lado mais sensual (e ele existe!), ele pode prestar atenção. Se estabelecerem um relacionamento duradouro — conheço um exemplo —, ele será um companheiro e pai tão bom que ela se esquecerá de que algum dia se preocupou com o fato de ele nunca ter lido Chekhov.

Elfa Urbana (*feminino*) + Tritão (*masculino*)

É improvável que a Elfa Urbana encontre o Tritão por uma razão simples: um, ama a cidade; o outro, a natureza. Se, por casualidade, eles se juntarem, talvez em uma viagem de férias, ele pode lhe apresentar os dons do oceano e das colinas, e ela, impressioná-lo com sua sofisticação e inteligência. No entanto, é difícil imaginar esses dois desenvolvendo um relacionamento além de um caso experimental passageiro.

Elfa Urbana (*feminino*) + Gigante (*masculino*)

Amigos de imediato! Você encontrará esses dois em bibliotecas ou em convenções de revistas em quadrinhos, indo de estande em estande e conversando sobre tudo que veem. Embora sejam, ambos, bastante introvertidos, trazem à tona as qualidades mais extrovertidas um do outro. São tipos sérios que conseguem fazer rir um ao outro. Se o romance se desenvolver, pode ser morno, pois o Gigante, geralmente, depende dos avanços sexuais de sua parceira para fornecer o calor. A Elfa Urbana tem a mesma tendência, então, eles podem chegar a um impasse sexual. No entanto, o laço de amizade é tão forte que isso pode não importar.

Em convenções literárias (novamente o mercado editorial!), vejo um determinado Gigante bibliotecário bem conhecido passeando com, pelo menos, uma ou duas Elfas Urbanas em cada braço. Elas riem de todas as piadas dele e admiram sua juba de cabelo ruivo. Eles podem desconstruir qualquer romance juntos e compartilhar CDs das bandas de rock progressivo mais badaladas.

Elfa Urbana (*feminino*) + Sátiro (*masculino*)

A Elfa Urbana pode não parecer particularmente suscetível ao Sátiro, mas, na verdade, ela é uma de suas presas mais vulneráveis. Será atraída pelo lado selvagem dele, porque tende a manter essa parte de sua personalidade oculta, e costuma precisar olhar para fora de si para encontrar sua expressão. Ele perceberá a sensualidade oculta dela e se sentirá desafiado a trazê-la à tona. Ele terá fantasias de bibliotecária com ela, imaginando-a tirando os óculos, desabotoando a blusa discreta e soltando os cabelos. Ela terá fantasias de estrela de rock com ele, imaginando-se sendo levada por ele na garupa de sua motocicleta, a caminho de seu próximo show. Na realidade, esses dois tirarão proveito um do outro e depararão com muitos desafios. Ele aprenderá sobre literatura e música — conhecimentos que usará para seduzir a próxima criatura caso resolva partir para outra. Ela aprenderá a se desinibir na cama e se sentirá mais livre de modo geral. A Elfa Urbana não é um tipo explicitamente ciumento, mas será magoada pelo olhar sensual errante do Sátiro, e ela o tratará com desprezo. Ele pode acusá-la de ser uma pessoa hipócrita ou fria. Se terminarem o namoro, provavelmente, será algo rápido e silencioso, porque ambos compartilham uma tendência para evitar confrontos a todo custo.

Conheço uma Elfa Urbana que trabalha no mercado editorial (o campo favorito delas) e viveu uma vida dupla. Durante o dia, estava sempre vestida de forma conservadora, trabalhava arduamente e era séria. À noite, ia para boates com seu namorado Sátiro, ficava se divertindo até tarde e fazia sexo selvagem com ele. Ele era divertido, mas nunca totalmente disponível, e se recusava a dormir a noite inteira com ela ou a apresentá-la a seus amigos. Por fim, ela percebeu que não era assim que queria viver. Agora, está envolvida com um designer gráfico Elfo Urbano, e feliz.

Elfa Urbana (*feminino*) + Gnomo (*masculino*)

Uma vez que esses tipos são atraídos por áreas urbanas, seus caminhos, provavelmente, se cruzarão, sobretudo no trabalho. A Elfa Urbana não é muito materialista e pode ficar irritada com as frequentes referências do Gnomo a dinheiro e poder. Ele não a demoverá completamente de seu estilo pouco convencional e despojado e de seu jeito pacato. Eles podem funcionar bem juntos, levando em consideração que a ambição dele e a precisão dela compõem uma boa parceria. Enquanto envolvidos nessa colaboração, algumas faíscas podem acabar voando entre eles, que poderão aplicar suas importantes habilidades em um relacionamento. Essa situação aconteceu com dois amigos meus: um autor de livros para adolescentes e sua agente literária. Ambos são pessoas românticas enrustidas; portanto, tão logo ambos passaram a se sentir seguros um com o outro, um vínculo íntimo e carinhoso se desenvolveu.

Elfa Urbana (*feminino*) + Fauno (*masculino*)

Dois tipos introvertidos como esses raramente se envolvem, a menos que sejam forçados a ficar juntos. Ela pode julgá-lo um pouco superficial e ele pode achá-la introvertida demais. Se forem colocados próximos um ao outro, como um casal que conheço, descobrirão que compartilham sensibilidade e intuição em relação aos outros. Ele a faz sentir e ela o faz pensar. O relacionamento deles pode não ser especialmente romântico; ambos são um pouco reticentes sexualmente (pelo menos no início, no caso dela) e, em geral, precisam receber estímulos de seus companheiros.

Elfa Urbana (*feminino*) + Vampiro (*masculino*)

Por ser uma observadora inteligente e intuitiva, a Elfa Urbana gosta de compreender as motivações dessa criatura, mas a personalidade pomposa do Vampiro pode ser demais para ela. Ele gosta da atenção meticulosa que ela proporciona, mas pode não achá-la suficientemente exuberante. Se, de fato, se tornarem íntimos, o relacionamento sexual será intenso, com a Elfa representando o papel mais subserviente de bom grado, porém, ela nunca se entregará totalmente para ele, como o faria com outro tipo. Ele ficará intrigado com esse aspecto contido dela, o qual pode mantê-lo interessado por algum tempo. No entanto, ambos terão de expandir seus horizontes para fazer com que esse relacionamento desafiador dure.

Conheço uma roteirista Elfa Urbana que está envolvida com um diretor Vampiro, mas ela não parece totalmente à vontade com o relacionamento; e ele tende a prestar demasiada atenção às suas atrizes Vampiras e Sereias, para o gosto dela.

Elfa Urbana (*feminino*) + Lobisomem (*masculino*)

Ela se apaixonará por ele imediatamente. Ele é desgrenhado o suficiente para parecer vulnerável, ao contrário do Elfo Urbano ou do Fauno. Ela perceberá seu lado misterioso, mas não será tão óbvio quanto o lado sombrio que o Vampiro demonstra explicitamente. O Lobisomem tem muito mais em comum com ela do que o Tritão e o Gnomo. Ele será capaz de se envolver em conversas sobre tópicos pouco usuais, por exemplo, como a receita de um coquetel autêntico da década de 1950 e quais músicas eram populares em 1946. Ele parece carinhoso e encantador e apreciará o estilo e as maneiras dela. A Elfa Urbana não tem medo da escuridão e consegue se adaptar ao lado lobo dele sem dificuldades a maior parte do tempo, contanto que ele não resvale para o mau gosto. Ele tende a abusar da generosidade dela, mas quando percebe tal abuso, sabe como evitá-lo.

As informações acima foram obtidas de um par Elfa Urbana/Lobisomem bem-casado que tenho o prazer de conhecer.

Fada (*feminino*) + Centauro (*masculino*)

Fadas podem achar o Centauro demasiadamente distraído, mal-humorado e desleixado para seu gosto. Por mais impressionada que fique com o trabalho dele, desejará que ele preste mais atenção a ela e à própria aparência. Ele pode considerá-la um pouco superficial. Porém, se eles se derem uma chance, tudo pode dar certo. Ele descobrirá que ela tem muito mais profundidade emocional do que aparenta inicialmente. Ela descobrirá a capacidade dele para ter intimidade verdadeira — embora possa ser esporádica — e apreciará o foco apaixonado dele sobre ela quando fizerem amor.

O casamento do dramaturgo Arthur Miller com a Serfada Marilyn Monroe foi um exemplo romântico, porém destinado ao fracasso, de um casal formado por esses tipos. A sexualidade e as qualidades de estrela de Monroe a tornavam parcialmente Sereia, mas sua sensibilidade e profundidade são qualidades das Fadas. Miller, o artista intenso e mal-humorado, era um Centauro.

Um casal que conheço faz essa combinação ser um sucesso, permanecendo satisfeitos através de seu trabalho criativo (ele é escritor; ela, uma artista visual e diretora), focando nos filhos e encontrando tempo para explorar suas fantasias, juntos.

Fada (*feminino*) + Elfo das Árvores (*masculino*)

Em geral, as Fadas gostam dos Elfos das Árvores, sobretudo se eles forem combinados a um tipo mais prático como um Gnomo. O Elfo das Árvores impressionará a Fada com sua personalidade expansiva e generosa, abraçando-a carinhosamente e falando francamente sobre seus sentimentos. Ela fica menos à vontade quando esse tipo de demonstração parte dela, mas admira quem o faz. O Elfo das Árvores gostará do desafio apresentado pela Fada; desejará desarmar-lhe as defesas e conquistar seu coração. Essa dinâmica os manterá interessados um no outro por algum tempo, suficientemente longo para permitir que eles realmente se conheçam. Eles podem compartilhar muita química sexual, pois o Elfo das Árvores estará disposto a libertar a Fada de suas inibições, e ela considerará a presença dele relaxante e estimulante. Eles têm interesses em comum — Fadas são curiosas sobre às artes terapêuticas e Elfos das Árvores apreciam a elegância. Ela pode ficar impaciente com a falta de interesse dele por bens materiais e ele pode olhar com impaciência para o número de sapatos que ela acumula, mas essas são preocupações pequenas para eles. Problemas poderão surgir se o Elfo das Árvores demonstrar muito interesse por outras criaturas. As Fadas não parecem ser tipos ciumentos, mas são muito mais sensíveis do que aparentam, e não concordarão com isso. O Elfo das Árvores será pego de surpresa pela fúria da Fada, e será necessário muito amor para eles superarem esse obstáculo.

Minha amiga e cabeleireira Fada se envolveu com um ator Elfo das Árvores. Na noite em que se conheceram, ele dançou sensualmente com ela, olhou-a profundamente nos olhos e disse que a alma dela era linda. Ele cantou uma música romântica enquanto dançavam. Depois que os dois começaram a namorar, ela o lembrou de quando se conheceram. Ele não conseguiu se lembrar da noite, porque costumava dançar com todo mundo daquela forma. Se ela fosse uma Ninfa da Floresta ou uma Fada

Uivante, jamais teria sido capaz de perdoá-lo, mas, como era uma Fada, finalmente esqueceu o problema, e eles ainda continuam juntos (embora de um modo um tanto hesitante).

FADA (*feminino*) + ELFO URBANO (*masculino*)

As Fadas tendem a ser bastante distantes a princípio; portanto, podem não se conectar com os, às vezes, frios Elfos Urbanos. Esses dois podem admirar um ao outro de longe, uma vez que ambos prestam atenção à aparência, têm bons modos e são elegantes em público. Os Elfos Urbanos sabem o valor de objetos bonitos, e o olho da Fada pode ser atraído pelos anéis de prata nos dedos dele, a jaqueta de camurça de boa qualidade que ele veste e os objetos bonitos que faz. Por sua vez, ele desejará capturá-la e estudá-la, como um espécime perfeito. Quando a curiosidade os dominar, simultaneamente, eles poderão dar um passo adiante e se conhecer. Podem gostar de conversas estimulantes e de compartilhar interesses semelhantes. Ambos são sensíveis e educados e terão cuidado para não ferir os sentimentos um do outro. Os problemas surgem quando o Elfo Urbano demonstra frieza para a Fada. Ela, por sua vez, se afastará, o que pode criar um impasse que nenhum dos dois está disposto a superar, e eles, provavelmente, não têm paixão física ou intimidade emocional verdadeira e suficiente para sair dessa tempestade. Um deles terá de arriscar e abrir o coração protegido para fazer o relacionamento funcionar.

CASAIS MITOLÓGICOS

Fada (*feminino*) + Elfo de Jardim (*masculino*)

Esses dois têm tanto em comum que não conseguem evitar criar um vínculo imediato. Podem passar horas juntos jogando, fazendo compras e conversando, e quando colaboram criativamente, produzem magia pura. Uma Fada e um Elfo de Jardim podem formar uma excelente equipe de design, seja trabalhando em moda, com beleza ou com decoração de interiores. Eles sempre causam boa impressão quando saem juntos porque, por mais meticulosos que sejam consigo, a presença do outro os estimula a tomar ainda mais cuidado com a aparência. Ambos tendem a ser um pouco competitivos, o que pode ser estimulante, mas pode, também, terminar por separá-los, caso não tomem providências para proteger conscientemente o relacionamento que desenvolveram. No final das contas, eles devem ser capazes de preservar o relacionamento; ambos tendem a fazer florescer os aspectos mais estimulantes e leais do outro.

O casal Fada/Elfo de Jardim que conheço se conheceu quando ambos eram muito jovens. Ela era maquiadora e ele, um ator em início de carreira. Foi amor à primeira vista. Após namorarem por algumas semanas, ela pegou uma gripe e ele levou sucos e suplementos de ervas para ela. Ela soube, naquele instante, que ele era o Elfo certo. Com o tempo, ele se tornou bem-sucedido profissionalmente, mas nunca perdeu sua atitude delicada e gentil com ela. Eles permanecem casados e felizes, e são melhores amigos em todas as ocasiões.

Fada (*feminino*) + Espírito da Floresta (*masculino*)

As Fadas são atraídas pelos Espíritos da Floresta assim como os pássaros por objetos brilhantes. A estética apurada da Fada é tão poderosa quanto a libido da Ninfa da Floresta, e essa qualidade fará com que ela desconsidere qualquer temor que possa ter e vá buscar o que a atrai. Ela também gostará da estabilidade emocional e financeira do Espírito da Floresta, a qual valoriza mais do que outras qualidades, como mistério, inteligência ou criatividade. Já ele, vai se sentir atraído pela feminilidade dela, pelo estilo sexy e pela energia ativa. No entanto, se o Espírito da Floresta for muito vaidoso ou envolvido consigo mesmo, a impaciente Fada ficará entediada e desaparecerá, partindo para encontrar uma nova criatura amiga. Ele pode ficar sem entender até se recuperar, esperando que a próxima criatura feminina surja e o persiga.

Um casal Fada/Espírito da Floresta que conheço são pais dedicados e mantêm uma vida sexual ativa, embora ele quase sempre tenha de tomar a iniciativa. Suas principais discussões giram em torno de finanças, pois a Fada é um pouco esbanjadora. Na maior parte do tempo, eles têm um relacionamento muito amoroso, e é provável que permaneçam juntos para sempre.

Fada (*feminino*) + Tritão (*masculino*)

Ela dará uma olhada para as sandálias dele e se perguntará por que está perdendo seu tempo. No entanto, vale a pena dar uma chance ao Tritão. Ele será um parceiro leal e amoroso para a

Fada se ela conseguir abrir mão de algumas de suas críticas superficiais e aspirações cosmopolitas, ou, pelo menos, resolver explorar essa parte de sua natureza sozinha ou com amigos. Ele proporcionará a admiração que ela busca e não pedirá muito em troca, exceto a presença dela e a oportunidade de concretizar seus sonhos aquáticos.

Uma Fada, proprietária de uma butique, e um treinador de natação Tritão que conheço não ficaram juntos romanticamente, mas ainda são grandes amigos e até compartilham a custódia do cachorro.

Fada (*feminino*) + Gigante (*masculino*)

O Gigante tende a amar uma Fada e sonha em levá-la para sua casa. Ele sabe como impressioná-la com objetos bonitos e bajulação, mas após algum tempo uma Fada pode se aborrecer, e até se tornar desinteressada com sua atenção um tanto sufocante.

Tenho uma amiga Serfada que estava se recuperando de um divórcio quando um Gigante a descobriu. Ele ficou profundamente apaixonado e escreveu e-mails de admiração para ela. Elogiava seu cabelo, seu andar elegante e até escrevia elogios sobre a marca da camisa que ela usava (embora fosse uma Dolce & Gabbana quando ele achava que era uma 7 For All Mankind, marca que ela — por ser parcialmente Sereia — nunca vestiria!). Ela ficou lisonjeada, mas um pouco espantada com a imensa atenção dedicada aos mínimos detalhes. Ela visitou o Gigante no escritório dele, que lhe mostrou o lugar, contando piadas sem graça e exibindo-a para os colegas. Ele a convidou para a casa dele, cheia de bugigangas. Cozinhou para ela e serviu um bom vinho. Admirou os sapatos dela. Admirou os cabelos dela. Admirou sua camisa Jil Sander. Ele transpirou profusamente o tempo inteiro. Falou sobre sua cirurgia e doenças, comuns nos Gigantes; eles costumam ser atléticos quando jovens e se tornam preguiçosos na meia-idade, o que os leva a desenvolver dores e problemas físicos. Foi tudo demais, cedo demais! A Serfada tentou ser educada, mas, finalmente, incapaz de continuar se controlando, fugiu, em pânico. Quando chegou em casa, enviou um e-mail para o Gigante, dizendo-lhe educadamente que as coisas não estavam dando certo. Ele pareceu não entender e continuou a persegui-la. Mesmo quando os e-mails dela ficaram um pouco grosseiros (ela é parte Sereia, lembre-se), ele não desistiu, e ainda tenta, até hoje, conquistar sua simpatia.

Embora haja muitos obstáculos para esse casal, no final, pode funcionar se a Fada aprender a ter paciência (e conseguir segurar sua língua) e o Gigante focar em atender as próprias necessidades e as dela. Ele deve, acima de tudo, reprimir sua tendência natural para fazer cara feia quando não consegue levar vantagem (sempre um desestímulo para uma Fada, sobretudo uma que é parte Sereia).

Se uma Fada decide entregar seu coração a um Gigante, será recompensada com os presentes materiais que ama, mas, ainda mais importante, com aceitação, estabilidade emocional e uma vida inteira de apoio a seus esforços criativos. Portanto, Fadas, não descartem seu Gigante tão rapidamente — ele poderá se tornar uma força estabilizadora para você e para o seu jeito ocasionalmente instável.

CASAIS MITOLÓGICOS

FADA (*feminino*) + SÁTIRO (*masculino*)

Cuidado, Fada! O Sátiro parecerá muito bom para você, sobretudo se estiver vestido para impressionar! Você ficará bem, contanto que reconheça o Sátiro como ele é, e aja de acordo. Se conseguir gostar dele naturalmente por algum tempo, vá adiante! As Fadas costumam ser capazes de fazer isso melhor do que as Ninfas da Floresta ou as Dríades, mas não tão bem quanto as Sereias. No entanto, se uma Fada espera que o Sátiro entre em um relacionamento estável e duradouro, ela se decepcionará. As Fadas não se entregam com tanta facilidade, mas quando o fazem é para sempre; então, precisam ser especialmente cuidadosas.

Um Sátiro pode perceber a presença de uma Fada a 1 quilômetro de distância e saber exatamente como atraí-la para seu covil. Ela responderá à química que ele sabe gerar quase naturalmente. Sua única desvantagem é que a personalidade extremamente sexual dele pode parecer um pouco bruta e assustar a delicada Fada, e ele nem sempre cuida suficientemente bem de sua higiene para satisfazer os padrões de aparência dela. É por isso que um Bode Gnomo bem-vestido é ainda mais ameaçador para essa criatura. A lição aqui é: sempre que as Fadas sentirem algo de Bode acontecendo, não devem baixar a guarda. Os Sátiros sempre se beneficiarão de suas experiências com Fadas, que podem, inconscientemente, ensiná-los mais do que eles necessitam saber para seduzir outras mulheres, e é certamente possível para uma Fada dar conta de um Sátiro, pelo menos por certo tempo, se não para sempre.

Conheço uma Fada que conheceu um Sátiro pela internet. O primeiro encontro deles foi excepcionalmente romântico.

O Sátiro cortejou a Fada com palavras doces, comida e vinhos deliciosos, portanto, ela ficou surpresa quando ele não ligou de novo. Duas semanas mais tarde, ela enviou um e-mail para ele agradecendo pelo encontro e deixando claro que estava disposta a vê-lo novamente. Ele respondeu imediatamente, e eles tiveram um encontro naquela noite. Beberam saquê, dançaram e cantaram em uma cabine de karaokê particular. Deram uns amassos e ele terminou passando a noite na casa dela.

Ela nunca mais teve notícias dele novamente.

Por fim, ela percebeu que havia sido poupada no longo prazo, mas eu conheço alguns Sátiros que atipicamente anseiam por Fadas que deixaram escapar.

FADA (*feminino*) + GNOMO (*masculino*)

O Gnomo que controla sua língua afiada pode seduzir uma Fada com sua riqueza e manifestações dessa riqueza. Ela gostará de seu terno, de seu carro, da sua casa e dos jantares, tratamentos de beleza e presentes que ele generosamente proporcionará. Ele gostará de tê-la nos braços, sempre bonita e elegante, e admirará a forma como ela faz tudo com habilidade e graça. Esses dois podem ter um relacionamento positivo e produtivo, a menos que as partes mais ocultas de suas naturezas venham à tona. As Fadas têm um lado mais obscuro e apaixonado que pode pesar mais do que sua necessidade por conforto material, e podem ser atraídas por criaturas que preenchem essa parte delas. Os Gnomos têm uma tendência a ser competitivos e uma vulnerabilidade oculta que podem levá-los a se sentir facilmente ameaçados. Se isso acontecer, eles também podem sair à procura de outras, em busca de alguém que lhes dê consistente validação. A Fada nem sempre é capaz de fazê-lo, sobretudo se tiver as próprias preocupações. Se uma ruptura ocorrer, será difícil para essas duas criaturas um tanto teimosas reatarem o relacionamento.

Uma combinação fictícia Gnomo/Fada que funcionou, apesar de múltiplos desafios, foi a de Carrie Bradshaw e Mr. Big em *Sex and the City*. No entanto, a confiança atípica (para um Gnomo) dele o torna mais semelhante a uma combinação Gnomo/Sátiro. Na verdade, essa confiança atípica é até boa, no caso desse relacionamento, uma vez que, associada à estabilidade do Gnomo, elimina qualquer desejo que ele possa ter de excluí-la das próprias inseguranças.

FADA (*feminino*) + **FAUNO** (*masculino*)

Uma Fada e um Fauno, provavelmente, gostarão muito um do outro, a princípio, com base apenas em padrões de aparência, estilo e gosto. Porém, não haverá muita química sexual; ambos tendem a ter reduzida energia sexual, e esperam que seus parceiros a aumentem. A Fada não aprecia muito a falta de motivação do Fauno; ela costuma procurar um bom provedor, ou, pelo menos, alguém capaz de contribuir financeiramente. O Fauno gosta de feminilidade, mas é mais atraído pela força, e a Fada pode parecer feminina demais para o gosto dele. Se um Fauno e uma Fada puderem superar esses entraves, conseguirão criar uma vida boa juntos, apoiada na criação dos filhos e no cultivo e entretenimento de amigos, e não em uma intimidade profunda e na paixão entre eles.

Conheço um casal Fada/Fauno que são os melhores amigos um do outro e, ao mesmo tempo, um casal romântico. O Fauno costuma acalmar a Fada um tanto nervosa, tranquilizando-a sempre que ela fica ansiosa. A Fada mima o Fauno. Ambos estão satisfeitos com a falta de sexualidade intensa entre eles e apreciam o conforto que se proporcionam.

Fada (*feminino*) + Vampiro (*masculino*)

As Fadas, em geral, consideram os Vampiros um pouco exagerados para seu gosto, mas podem admirar a criatividade e, sobretudo, a exuberância deles. Os Vampiros costumam admirar as Fadas e querem capturar uma, pelo menos para um encontro rápido. Uma Fada, apesar de sua força interior, pode parecer indefesa, e isso atrai muito o Vampiro. Ele se imagina arrebatando-a e saindo com ela pela noite enquanto ela grita, protestando. Ela, por sua vez, é um pouco atraída pelo perigo, contanto que tudo pareça bem. Eles podem se divertir juntos, mas a Fada tem uma personalidade própria e, com o tempo, pode ficar enfadada diante de um cenário no qual sempre desempenha o papel do lado mais fraco. Quando ela se impõe, ele pode achar que ela está censurando suas roupas, seus gostos musicais e o estilo de vida notívago, e criticará defensivamente o comportamento mais convencional dela, sobretudo na cama. Se isso acontecer, eles se separarão. Alguns casais podem transcender o estágio da novidade em seu relacionamento e criar algo real, mas isso, em geral, envolverá uma transformação bastante acentuada de um deles ou de ambos. Uma vez que os Vampiros raramente mudam muito com o tempo, a provável saída é que a Fada se torne parte Vampira, para que esse relacionamento seja duradouro.

FADA (*feminino*) + LOBISOMEM (*masculino*)

As Fadas têm um bom instinto em relação aos Lobisomens (eles não são o par ideal), e sabem como evitá-los. Se cortejar a Fada persistentemente e ficar afastado das substâncias viciantes, o Lobisomem pode convencê-la com seu encanto e criatividade pouco convencionais, e com a sedução de seu estilo de vida alternativo. Porém, no final das contas, ela deseja mais estabilidade emocional e/ou financeira do que ele, provavelmente, é capaz de proporcionar, e pode se afastar até mesmo antes de ele se envolver com qualquer problema concreto. Como em qualquer combinação, esses dois podem dar certo se realmente estiverem dispostos. Uma Fada pode ser tão atraente para um Lobisomem que ele estará disposto a mudar por causa dela, que terá de aceitar a natureza quixotesca dele, que, por sua vez, terá de se afastar das substâncias viciantes e ficar sóbrio, fazendo da Fada seu único "vício".

O casal Lobisomem e Fada que conheço estava à beira de terminar quando ele admitiu ser viciado em sexo, mas eles conseguiram superar essa crise juntos. A Fada apreciou a disposição dele de admitir seu problema, e a personalidade digna e tranquila dela, assim como o calor sexual que ela irradia, fizeram com que ela ficasse bem preparada para lidar com ele.

Duende (*feminino*) + Centauro (*masculino*)

Os Centauros podem ser competitivos, e a pacata Duende raramente representa uma ameaça. No entanto, outras questões podem causar problemas mesmo assim. Eles gostarão um do outro na cama, mas quando não estiverem fazendo amor, a Duende desejará levar seu companheiro para a praia ou para um passeio de bicicleta, enquanto o Centauro, ao contrário, normalmente, vai preferir terminar o projeto no qual está envolvido. Isso por si só já pode ser suficiente para impedir que eles concretizem um relacionamento bem-sucedido, como aconteceu com uma atriz Duende e um dramaturgo Centauro que conheço. Entretanto, nenhum dos tipos costuma ficar com raiva por muito tempo, então, eles permaneceram amigos, apesar das diferenças.

Duende (*feminino*) + Elfo das Árvores (*masculino*)

Uma boa combinação! As Duendes podem não buscar desvendar os segredos do universo em seu tempo livre, mas estarão abertas para ouvir o que o Elfo das Árvores tem a compartilhar. Ele adora ensinar, curar e se entregar, de todas as maneiras, sobretudo para uma plateia tão atraente, receptiva e sorridente. Ele a levará em todos os tipos de aventuras; e ela estará disposta a enfrentar todas elas. Eles podem surfar, fazer caminhadas, andar de bicicleta, acampar e viajar juntos com facilidade. Farão sexo divertido e apaixonado. O Elfo das Árvores realmente realça as melhores qualidades da Duende. Ela não se sente ameaçada quando ele, ocasionalmente, desvia o olhar para outras; sabe que ele é muito dedicado a ela. Ele pode ensiná-la a ter compaixão e estimulá-la a desenvolver algumas qualidades similares às das Dríades que estejam latentes nela. Se tiverem filhos, podem construir uma vida familiar alegre e atenciosa.

O feliz amigo Elfo das Árvores apreciador de caminhadas que mencionei antes me contou que sempre sonhou com mulheres Duendes, então, imaginava que, provavelmente, acabaria com uma. Considerei isso como um sinal de que ele não estava interessado em mim romanticamente e o risquei de minha lista de possíveis namorados. Como eu deveria ter esperado, ele logo mudou seu status no Facebook para "Em um relacionamento" e postou fotografias dele com uma Duende deslumbrante e sorridente brincando na praia e bebericando vinho em uma linda varanda.

DUENDE (*feminino*) + ELFO URBANO (*masculino*)

O Elfo Urbano notará uma Duende do outro lado de um salão e se sentirá muito atraído fisicamente por ela. Ele não saberá exatamente como se aproximar, e presumirá que ela tem um namorado ou que simplesmente não estaria interessada. Se forem apresentados, ela talvez não enxergue além do olhar distante por trás dos óculos pequenos dele. Ela achará que ele não gosta muito dela, e não está acostumada a isso. Ela não é do tipo que trata essa situação como um desafio, por isso, se voltará para alguém que retribua um sorriso afetuoso. Se o Elfo Urbano conseguir desenvolver autoconfiança suficiente, conseguirá romper a barreira entre eles. O problema é que, embora ele possa gostar da companhia dela, ela não é o que ele está verdadeiramente procurando. Ele é mais naturalmente atraído por Dríades ou Elfas Urbanas. Da parte dela, a Duende, provavelmente, precisa de um companheiro mais tranquilo. Esse não é o casal mais bem-sucedido, mas eles, provavelmente, sentirão que aprenderam algo por terem conhecido um ao outro. Um Elfo Urbano bastante inseguro que conheci adquiriu grande confiança em si como um homem atraente depois de namorar uma Duende. Ela, por sua vez, se sentiu intelectualmente estimulada pelo Elfo.

Duende (*feminino*) + Elfo de Jardim (*masculino*)

Esses dois se sentirão atraídos imediatamente. No entanto, ela prefere um tipo ligeiramente mais realista e ele gosta de criaturas femininas mais ousadas. Ela preferiria passar o tempo jogando voleibol na praia; ele, prefere o teatro e um restaurante cinco estrelas. Depois que a atração inicial passar, pode não haver muito mais para mantê-los juntos. Cameron Diaz e Justin Timberlake foram um exemplo. (Observe o tempo verbal no passado.)

Duende (*feminino*) + Espírito da Floresta (*masculino*)

Esse casal feliz, mas convencional, representa as aspirações de muitas criaturas. Eles são atraentes, amistosos e bem-ajustados. Podem desfrutar de uma vida familiar prazerosa juntos e, ao mesmo tempo, manter a atração romântica um pelo outro. Nenhum dos dois tende a ficar impaciente, a menos que um tipo mais agressivo entre em cena. Os Espíritos da Floresta são muito suscetíveis a esse comportamento (por exemplo, um muito famoso que esteve casado com uma Duende e depois foi arrebatado por uma deslumbrante Serfada Uivante). Felizmente, se isso acontecer, a Duende alegre e flexível, embora temporariamente de coração partido, não demorará muito para encontrar um novo par — e talvez até mesmo mais estimulante.

Um casal feliz Duende/Espírito da Floresta que conheço está junto há anos. Eles começaram como amigos, até que a Duende se cansou de ser tratada como uma colega e deu um ultimato. O romance desabrochou rapidamente, e eles estão juntos desde então, criando dois filhos, mantendo carreiras bem-sucedidas e muitas amizades.

DUENDE (*feminino*) + TRITÃO (*masculino*)

Esse é um casal óbvio, pois a despreocupada Duende e o calmo Tritão se sentem imediatamente à vontade um com o outro. Podem se sentir tão à vontade, na realidade, que não haverá tensão sexual suficiente e eles talvez decidam manter o relacionamento em um nível platônico (pense em Kate Hudson e Matthew McConaughey). Outros casais Duende/Tritão podem ter uma ligação sexual que dura até a velhice. De um jeito ou de outro, eles se entenderão bem, com muitos sorrisos radiantes, abraços afetuosos e uma química encantadora. Você pode encontrar esses dois na praia, bronzeando-se ao sol e brincando nas ondas.

DUENDE (*feminino*) + GIGANTE (*masculino*)

Embora o Gigante vá apreciar a Duende, ela nem sempre é o tipo dele. Ele prefere uma criatura um pouco mais complexa, com questões emocionais que ele espera resolver de alguma forma. A Duende é tão... feliz o tempo inteiro! Ela será amigável com ele, mas talvez não reconheça seu interesse romântico nela se este vier a se desenvolver de alguma forma. Ele também não é, de fato, o tipo dela. (Por que ele gosta tanto daquelas pedras que coleciona?) É possível que consigam desenvolver um bom relacionamento de trabalho, mas esse ponto é, em geral, quase o mais distante que chegarão.

No entanto, se o Gigante tiver algum materialismo do Gnomo e/ou a domesticidade do Espírito da Floresta, e se a Duende conseguir superar sua atração um tanto superficial por um determinado tipo físico, esse relacionamento pode ser excelente. Mire-se nos personagens de Charlotte e Harry em *Sex and the City*!

DUENDE (*feminino*) + SÁTIRO (*masculino*)

Por estar bastante acostumada a ser abordada por criaturas masculinas, a Duende é menos suscetível à atração dessa criatura do que a maioria. Ela pode achá-lo engraçadinho e sensual e querer namorá-lo, mas já teve experiências suficientes para reconhecer um manipulador quando encontra um. Ele ficará bastante aliviado por ela reconhecer sua verdadeira personalidade, o que elimina um pouco do peso dele pelo menos uma vez. Se ela se envolver com ele, o Sátiro relaxará, sabendo que não irá magoá-la. Até mesmo os Sátiros têm escrúpulos, e nem sempre desejam ferir o coração de alguém; eles só seguem a natureza deles. Esses dois podem se divertir muito, por algum tempo, mas raramente por muito tempo. Mesmo que amadureça a ponto de desejar permanecer em um relacionamento duradouro, o Sátiro, provavelmente, não escolherá uma Duende. Ele quer envelhecer com um tipo que possa compreender os aspectos mais obscuros da natureza humana, como a Sílfide ou a Fada. Por outro lado, a Duende poderia ser a solução perfeita para seu jeito volúvel e, tal como a Sílfide, ela concederá a liberdade de que ele precisa. Conheci Sátiros que foram abandonados com o coração partido e consumiram-se de desgosto por Duendes felizes.

DUENDE (*feminino*) + GNOMO (*masculino*)

A princípio, o Gnomo pode aborrecer a Duende, pois ele é muito agressivo. Ela, provavelmente, precisa lidar com Gnomos o tempo todo no mundo dos negócios, logo, pode evitar esse tipo no que diz respeito a romances. Porém, um Gnomo confrontado com uma Duende da qual goste não desistirá facilmente. Ele raramente desiste com facilidade de algo! Assim como no caso da Sereia, ele perseguirá a Duende até que ela aceite o convite para um encontro. O Gnomo pode ser muito mais encantador e romântico do que aparenta, e há boa chance de ele ser bem-sucedido e de conquistá-la. Um Gnomo feliz é uma companhia prazerosa; ele se acalmará e se tornará mais generoso por causa do relacionamento com a Duende de seus sonhos. Ela o ajudará a aprender a relaxar após um dia difícil e a se beneficiar de seu eu menos estressado.

DUENDE (*feminino*) + FAUNO (*masculino*)

Tanto as Duendes quanto os Faunos são amigáveis e atléticos, então, provavelmente, se encontrarão com facilidade. Podem até mesmo namorar, por causa de uma atração mútua imediata. Caso se envolvam (estou pensando em um casal de marido e mulher — o proprietário de uma academia de ginástica e uma ex-modelo, respectivamente), o Fauno ficará inspirado pelo enorme apetite sexual e pela autoconfiança da Duende, enquanto ela apreciará a energia moderada e jovem dele. As paixões podem não ser muito exacerbadas entre os dois, mas um relacionamento prazeroso e duradouro pode vir a se desenvolver.

DUENDE (*feminino*) + VAMPIRO (*masculino*)

Essa combinação improvável não é a escolha ideal para nenhuma das partes. As Duendes não são críticas por natureza, mas sentirão como se nunca tivessem chegado a conhecer o Vampiro de verdade, e essa percepção pode ser inquietante para elas. Tudo nele se resume a disfarces e apresentação de uma imagem, e ela é muito mais aberta sobre quem é. Eles talvez se divirtam em alguns encontros, mas, no fundo, trata-se mais de uma novidade para ambos. As Fadas, um pouco parecidas com as Duendes, têm um lado mais obscuro, então, não é impossível para uma delas ficar com um Vampiro por um período maior, sobretudo se ela se tornar uma Vampira. Porém, não é o caso da Duende, que geralmente mantém sua natureza otimista ao longo da vida. Um Vampiro pode ficar tão encantado com uma Duende a ponto de, afinal, reconhecer a necessidade de ela saber quem ele realmente é. Ele pode, então, revelar seus sentimentos mais reservados e, talvez, transformar-se em um Centauro ou até mesmo em um Lobisomem. Se isso acontecer, é mais provável que eles consigam estabelecer um relacionamento duradouro.

DUENDE (*feminino*) + LOBISOMEM (*masculino*)

Embora o Lobisomem tenha um lado sombrio, como o Vampiro, ele é muito atraente para a Duende, que admira sua mente criativa e seu jeito carinhoso. Por ter uma visão feliz, às vezes ingênua, da vida, no início, ela pode deixar de notar os aspectos sombrios da persona dele. Enquanto o Vampiro ostenta seu lado sombrio, o Lobisomem parece ser, talvez, mais poderoso, pelo fato de ser muito escondido. Um Lobisomem curado que seja capaz de ficar longe do abuso de substâncias tóxicas pode ser um par maravilhoso para uma Duende, ou para quase qualquer criatura. Robert Downey Jr. e sua mulher, a produtora Duende/Gnoma Susan Downey (o nome de solteira era Levin), são bons exemplos disso. Susan, cujo traço lógico de Gnoma fez com que soubesse com quem estava lidando, teve de adotar uma postura radical, mas foi o suficiente para colocar esse Lobisomem no caminho para se tornar um Lobisomem/Espírito da Floresta.

Sereia (*feminino*) + Centauro (*masculino*)

O Centauro é menos suscetível à fascinação da Sereia do que outros tipos, e isso é exatamente o motivo de seu interesse por ele, que a deixará ansiosa para impressioná-lo. E embora reconheça a beleza e os talentos dela, ele geralmente está muito envolvido com suas atividades criativas para lhe dar a atenção que ela anseia. Claro, se ele finalmente proporcionar o que ela deseja, ela pode perder o interesse nele. A dinâmica entre eles funciona melhor quando o Centauro permanece fiel à sua natureza e, inconscientemente, proporciona à sua Sereia o desafio que ela adora. Eles formam um casal magnético e conseguem atingir muita fama e fortuna juntos.

Marilyn Monroe e Arthur Miller poderiam ter se dado melhor se Marilyn fosse puramente Sereia e menos Fada, ela teria sido suficientemente forte para superar quaisquer momentos difíceis aos quais o relacionamento foi exposto.

Sereia (*feminino*) + Elfo das Árvores (*masculino*)

Sereias e Elfos das Árvores não costumam frequentar os mesmos lugares; se o fazem, suas diferenças externas podem impedir que se conheçam. No entanto, o Elfo das Árvores é muito mais extrovertido do que o Elfo Urbano, e a atração física que sente pela Sereia pode fazer com que ignore sua avaliação sobre o fato de ela não ser a mais prática das companheiras. Ela pode não levar as habilidades terapêuticas dele muito a sério e pode achar o estilo New Age demais para o gosto dela, mas apreciará o quanto ele manifesta explicitamente seu afeto e suas emoções. Esses dois podem se divertir bastante juntos, mesmo se o relacionamento não durar para sempre.

Um casal Sereia/Elfo das Árvores bem-sucedido que conheço possui uma organização bem clara. Ela encanta; ele cuida. Ela aumenta a própria autoestima por meio de sua carreira de atriz e ele é um acupunturista feliz que prepara as refeições e ajuda a tomar conta das crianças. Nesse caso específico, eles, provavelmente, ficarão juntos para sempre.

Sereia (*feminino*) + Elfo Urbano (*masculino*)

A maioria das Sereias e dos Elfos Urbanos anda em círculos sociais muito diferentes e, mesmo se seus caminhos acabarem se cruzando, o introvertido Elfo Urbano pode não ter coragem suficiente para se aproximar da diva da floresta. Ela tende a notar os tipos mais desinibidos e pode não dedicar muita atenção a ele, mesmo que ele, de fato, faça uma aproximação engenhosa. Seria interessante para a Sereia levar a sério um Elfo Urbano que se disponha a se aproximar dela. Se conseguir chegar a esse ponto — provavelmente, ele é menos introvertido do que alguns de seus parceiros —, os Elfos Urbanos na realidade têm muito a oferecer. A elegância, o gosto, o intelecto e a destreza sexual os tornam boas companhias para a exigente Sereia, se ela der uma chance. Ele, por sua vez, precisará manter para si algumas de suas críticas mais duras e permitir que ela exponha seu eu extrovertido e extravagante.

O casal Elfo Urbano/Sereia que conheço tem discussões frequentes e ambos tendem a ser um pouco teimosos. (Os Elfos Urbanos, embora pareçam passivos, são muito obstinados.) O que provavelmente mantém os dois juntos é uma vida sexual ardente e constantes estímulos intelectuais.

SEREIA (*feminino*) + ELFO DE JARDIM (*masculino*)

Basicamente, todas as Sereias precisam, pelo menos, de um amigo Elfo de Jardim ao seu lado com alguma aptidão para assegurar-lhes de que seu cabelo e sua maquiagem estão perfeitos e suas roupas lhe caiam bem. Ele pode criticar o narcisismo e grosseria ocasionais da Sereia pelas costas, mas ainda busca a companhia dela. Ela é simplesmente divertida e deslumbrante demais para que a maioria dos Elfos de Jardim consiga resistir. Por sua vez, ela se apaixonará por ele. Eles podem se divertir muito juntos e projetar uma magnífica imagem enquanto se divertem. Se eles se envolverem romanticamente, é provável que continuem juntos por anos, se não pela vida toda.

Muitas das jovens divas Sereias não conseguem resistir ao lindo Elfo de Jardim, sobretudo se ambos forem cantores populares (muitos deles o são — pense em Vanessa Hudgens e Zac Efron).

Uma combinação ficcional de Sereia mais velha/Elfo de Jardim mais jovem é a diva sexual Samantha e o jovem Smith, deslumbrante e carinhoso, de *Sex and the City*.

CASAIS MITOLÓGICOS

Sereia (*feminino*) + Espírito da Floresta (*masculino*)

Esse é um casal altamente compatível. O confiante Espírito da Floresta não se sentirá ameaçado pela avidez por atenção da Sereia. Na verdade, ele pode até mesmo apreciá-la. Ele não precisa buscar atenção ativamente — é facilmente notado até mesmo quando está quieto. Pode relaxar e se deleitar observando sua Sereia brilhar no meio de uma multidão de admiradores. A Sereia, por sua vez, acha o Espírito da Floresta totalmente irresistível. O único desafio dela será superar a própria impaciência com a calma dele, quando ela pode até mesmo acusá-lo de ser enfadonho. Ela terá de desistir de buscar a excitação emocional que caracterizou sua juventude para apreciar totalmente os talentos desse casal.

A Sereia Sir Angelina Jolie e seu Espírito da Floresta Brad Pitt apresentaram o exemplo perfeito dessa combinação. Ambos sublimam parte de seu narcisismo cuidando de muitos filhos, assim como em atos altruísticos no mundo fora de sua família grande e parcialmente adotada.

Sereia (*feminino*) + Tritão (*masculino*)

Apesar de serem classificados em categorias irmãs, esses dois são tipos muito diferentes. Ele é tranquilo; enquanto ela, energética. Ele é informal; enquanto ela, extravagante. Ele gosta da natureza; ela, de brilho. Ele é realista; ela está sempre alimentando sonhos irrealizáveis. Embora o nome dela tenha sua origem no mar, ela pode ou não ser atraída pela água e pela natureza, pelo menos não da forma como ele é. No entanto, algumas Sereias que foram criadas em praias e aprenderam a surfar na juventude podem decidir construir sua identidade em torno do oceano. Seus cabelos longos e esvoaçantes e corpos em boa forma física se destacam mais em uma paisagem praiana, e elas tirarão proveito de sua imagem ao máximo. Se for uma diva da praia, a Sereia talvez escolha um Tritão para completar o quadro. Contudo, as Sereias podem ser volúveis — elas não apenas desejam experimentar muitos relacionamentos diferentes, como também gostam de mudar sua imagem regularmente. A Sereia pode deixar seu Tritão desconcertado quando se cansar da personalidade de diva da praia que criou.

Conheci muitos desses casais quando estudava na escola de ensino médio em San Fernando Valley. Embora se entendessem bem na escola, surfando nos finais de semana e namorando na hora do almoço, não costumavam ficar juntos. Quando as Sereias começavam a querer mais do que um encontro agradável e buscavam estabilidade financeira, os Tritões geralmente desapareciam. Enquanto um Fauno compreende as necessidades da Sereia por atenção e magia (mesmo se ele não puder fornecê-las), o Tritão simplesmente fica confuso com os desejos dela, ou os ignora.

Sereia (*feminino*) + Gigante (*masculino*)

As Sereias têm tudo para se dar bem com os Gigantes, pois o Gigante é paciente com o jeito um tanto egocêntrico dela, e ela é capaz de ignorar os ataques ocasionais de autopiedade dele, sabendo que pode usar seu charme para ajudá-lo a sair desse estado. Ele será um companheiro amoroso, dando tudo de si e, mesmo que ela fique atraída por outras criaturas, é pouco provável que encontre alguém mais estável e dedicado. O futuro desse casal depende de ela amadurecer a ponto de estabelecer um relacionamento duradouro com uma criatura.

O relacionamento do casal Sereia/Gigante que conheço não é dos mais equilibrados. Ela parece dominar, mas ele fica bem contente por apoiá-la em todas as circunstâncias. Ela é capaz de fazê-lo ficar radiante de felicidade, e ele lhe proporciona um porto seguro, embora desordenado, no qual ela se sente como se fosse o centro do universo cheio de quinquilharias dele. (Sobretudo porque há um monte de sereias de porcelana em seu aquário gigante!)

Sereia (*feminino*) + Sátiro (*masculino*)

Uma Sereia e um Sátiro podem ter uma química sexual muito excitante. Seus apetites vorazes vão além do sexo, e eles também podem se divertir muito comendo, bebendo, socializando e participando de eventos culturais. Essa conexão pode ser tão poderosa a ponto de exceder a desconfiança que cada um tem do outro. A Sereia e a Mulher Lobisomem são os únicos tipos que realmente deixam o Sátiro preocupado. Ele sabe que elas são capazes de manipular outras criaturas tão bem quanto ele. Porém, ele também gosta de um desafio. As Sereias não têm muita paciência com os Sátiros, sobretudo quando amadurecem e percebem a realidade dos Bodes. Mesmo assim, a Sereia pode decidir ficar com ele por algum tempo, para desfrutar dos prazeres sexuais do relacionamento. Se o Sátiro for muito mais velho do que a

Sereia e não estiver mais buscando aventuras sexuais com outras criaturas, eles podem criar um vínculo duradouro e dinâmico.

Hollywood está repleta desse tipo de casal. As jovens estrelinhas Sereias podem persuadir os produtores Sátiros mais velhos a estabelecerem relacionamentos que os regeneram e os mantêm como uma feliz criatura monogâmica. A constante luta de poder entre eles pode ajudar a longevidade em vez de destruí-la.

O casamento de Catherine Zeta-Jones com Michael Douglas se enquadra nessa categoria. Ao conhecê-la, Douglas, 25 anos mais velho do que ela, apresentou a Zeta-Jones uma das melhores cantadas utilizadas pelos Sátiros: "Eu quero ser o pai de seu filho." No entanto, de uma forma mais típica dos Espíritos da Floresta, ele de fato o fez.

SEREIA (*feminino*) + GNOMO (*masculino*)

Um Gnomo agressivo pode atrair uma Sereia caso esteja suficientemente determinado a isso. Seu poder e sua riqueza são as iscas que a atraem, mas ele precisa ser capaz de aceitar a postura galanteadora dela para com outros, ou ela sentirá claustrofobia no relacionamento e o trocará por um Espírito da Floresta, mais compreensivo, ou por um malvado Sátiro. Se encontrarem um jeito de resolver essa questão, eles podem criar um ambiente doméstico deslumbrante para formar uma família e entreter convidados. A boa vida está aguardando para ser usufruída por eles. Eles só precisam prestar tanta atenção à qualidade de sua comunicação quanto o fazem com a qualidade de seus bens imobiliários na floresta.

Um advogado Gnomo que namorei brevemente estabeleceu um relacionamento duradouro com uma Sereia MAO (modelo/atriz/o que quer que seja), como ele gosta de chamá-la. Minhas inseguranças e preocupações o deixaram perturbado, pois faziam com que ele se lembrasse das dele, que acha a confiança dela tranquilizadora, por ela ter escolhido ficar com ele. Quando saímos a primeira vez, ele examinou, descaradamente, em detalhes, cada Sereia no salão, e revelou com orgulho que conversava sobre essas avaliações das criaturas femininas com seu filho adolescente. Senti-me humilhada, mas qualquer Sereia que faça jus ao seu nome simplesmente ignoraria esse comportamento, ou asseguraria que ele não ocorresse ou que tais comentários, ao menos, não fossem feitos na presença dela.

O relacionamento de Woody Allen com a atriz Scarlett Johannson, embora não seja romântico, é um exemplo perfeito da dinâmica entre um Gnomo inteligente e tímido — amante das Sereias — e a criatura que ele adula por ser sua musa.

Sereia (*feminino*) + Fauno (*masculino*)

Esses dois podem trocar gracejos e flertar despreocupadamente, no entanto, a poderosa Sereia acabará por intimidar o Fauno, e ele raramente se aproximará dela para algo além de um encontro casual. Se ela o achar atraente, o seduzirá, e em seguida seguirá sua vida. Por mais engraçadinhos, jovens e encantadores que os Faunos possam ser, nem sempre conseguem se colocar à altura das exigências da Sereia vaidosa e sexualmente voraz. Essa combinação tem alguma chance de funcionar quando a Sereia é bem mais velha do que o Fauno. Ele a verá como uma mentora e ela apreciará a companhia e a juventude dele. Na realidade, as Sereias, provavelmente, obtêm o maior sucesso ao namorar criaturas mais jovens, embora as Duendes também possam fazer esse tipo de relação dar certo.

O casal Sereia/Fauno que conheço dá certo porque ele não tem medo da beleza, capacidade e necessidade de atenção dela. Ela é alguns anos mais velha do que ele e menos libidinosa do que foi na juventude, então, eles combinam bem, do ponto de vista sexual. O Fauno, um professor do ensino fundamental, felizmente deixa sua Sereia deleitar-se com a atenção que recebe por ser uma intérprete profissional de música clássica, e ela abre espaço para ele relaxar e praticar atividades típicas de Fauno, tais como malhar e assistir a esportes na televisão. Uma vez que tem liberdade para brilhar aos olhos dos outros, ela não necessita dos olhos dele em cima dela o tempo todo, o que permite que o Fauno cuide das próprias necessidades. Os Faunos parecem bastante passivos, mas na realidade são muito independentes e ficam felizes quando deixados sozinhos por longos períodos de tempo. Esses dois se darão bem se mantiverem suas vidas separadas.

SEREIA (*feminino*) + VAMPIRO (*masculino*)

"Quem é essa criatura e por que estamos namorando?" A Sereia e o Vampiro podem se perguntar quando estiverem sentados um diante do outro. Ambos buscam avidamente por atenção e ficam ansiosos para começar a competir. É problema em cima de problema. Infelizmente, é difícil imaginar como esse casal pode dar certo. Se você conhece um Vampiro e uma Sereia que tenham conseguido estabelecer um relacionamento duradouro (eu não conheço), pergunte-lhes qual é o segredo!

Sereia (*feminino*) + Lobisomem (*masculino*)

Sereias gostam de flertar com Lobisomens (com quem elas não gostam de flertar?), mas eles podem não querer ir adiante. O Lobisomem pode parecer muito despojado e depressivo para a brilhante Sereia. Embora certos tipos sejam atraídos pelo lado sombrio dele, ela é cautelosa. Alguns Lobisomens podem ser verdadeiros gênios, mas as Sereias não costumam manter contato com eles por tempo suficiente para reconhecer essa qualidade. Inversamente, Lobisomens podem se apaixonar profundamente pelas atraentes Sereias. Ela não deve rejeitá-lo rudemente pois podem ocorrer consequências graves.

Esse casal não está, de forma alguma, fadado ao fracasso. Uma Sereia que tenha sua natureza maternal estimulada por essa criatura um tanto desarrumada e melancólica pode fazer uma diferença positiva na vida dele, e será recompensada pela reação do Lobisomem. Ele pode se tornar o parceiro dos sonhos dela: leal, amoroso e brilhante.

Um dos melhores casamentos que conheço envolve uma Sereia amadurecida e um Lobisomem regenerado. Ela está tão apaixonada que se dispõe a abrir mão das luzes do palco para cuidar dele. Ela o estimula a se controlar. Eles também fizeram bebês muito engraçadinhos!

Giganta (*feminino*) + Centauro (*masculino*)

Os Centauros são bastante viris para as extremamente femininas Gigantas. Eles apreciam as curvas femininas e a acolhedora personalidade delas. O Centauro artístico precisa de uma companheira que o encoraje e o apoie enquanto ele cria sua obra-prima. A Giganta não compete com o Centauro e pode entregar-se completamente a ele. Ela sente tanta satisfação com o relacionamento deles que não costuma precisar sair e se projetar de outras formas. Dito isso, as Gigantas geralmente têm vidas ativas, além do vínculo com seus parceiros. Eu conheço uma Giganta que é uma mãe e amiga dedicada; que trabalha como enfermeira e, ao mesmo tempo, mantém um casamento amoroso com o desafiador marido Centauro.

Giganta (*feminino*) + Elfo das Árvores (*masculino*)

Os Elfos das Árvores veem a semelhança que existe entre a Giganta e a Dríade. Eles admiram as características afáveis e acolhedoras da Giganta, além de sua sensibilidade relativa aos outros. A Giganta é um pouco mais equilibrada do que a Dríade, e o Elfo das Árvores considera essa característica bastante calmante para seu temperamento nervoso. A Giganta gosta do Elfo das Árvores por sua maneira afável e extrovertida e por seus interesses altruístas. Ela pode aceitar o jeito namorador dele, contanto que ele retorne para ela ao final do dia. É provável que esses dois tenham um relacionamento duradouro e, muitas vezes, decidam ter filhos, pois são bons pais. Conheci vários exemplos desse tipo de casal no campo das artes terapêuticas.

G̲i̲ganta (*feminino*) + E̲l̲fo U̲r̲bano (*masculino*)

Pode haver muita tensão sexual entre esses dois tipos. Os Elfos Urbanos costumam se sentir fisicamente atraídos pelas Gigantas, mas a vulnerabilidade delas pode lembrá-los muito daquela parte deles mesmos que não desejam expor. Por sua vez, ela pode não gostar do semblante austero que o Elfo ostenta; prefere uma criatura mais carinhosa. Eles podem se juntar por causa da curiosidade sexual, mas o relacionamento, provavelmente, não durará, a menos que ela não se esquente e que ele se inflame. Outra circunstância na qual essa relação funciona é quando ele adquire as tendências do Fauno. As qualidades gentis do Fauno podem amenizar o Elfo Urbano e tornar essa combinação masculina uma companhia boa e aprobativa para a Giganta. Após padecer em vários relacionamentos difíceis com Tritões e Centauros, minha amiga Giganta sossegou para formar uma família com um Fauno Urbano.

G̲i̲ganta (*feminino*) + E̲l̲fo d̲e̲ J̲a̲rdim (*masculino*)

Gigantas e Elfos de Jardim não costumam formar um bom casal. Ela deseja mais solidez; ele, uma companheira um pouco mais ativa. A língua ocasionalmente afiada dele logo a repele. Ele pode se unir a ela por conforto; e ela, a ele, por segurança, mas é improvável que o relacionamento se desenvolva além dessas necessidades mútuas. Às vezes, no entanto, o conforto e a segurança podem acabar sendo suficientes para ambos. Um casal Giganta e Elfo de Jardim que conheço continua se separando e reatando. Ela tem dois filhos adotivos e uma carreira como professora que a mantém ocupada e contente enquanto o relacionamento passa por altos e baixos.

GIGANTA (*feminino*) + ESPÍRITO DA FLORESTA (*masculino*)

A maioria das Gigantas é tímida e, conforme mencionado, a maioria dos Espíritos da Floresta não é particularmente agressiva na busca por um par. Os Espíritos da Floresta tendem a apreciar um tipo um pouco mais extrovertido, e a Giganta prefere um companheiro um pouco mais introvertido. No entanto, uma Giganta corajosa que se aproxima de um Espírito da Floresta pode descobrir que ganha um relacionamento feliz; já vi esse encontro acontecer. Se a Giganta der o primeiro passo, o Espírito da Floresta, muito provavelmente, a seguirá. No final de tudo, eles podem se distanciar com o passar do tempo e, se tiverem filhos, podem dar mais ênfase à família do que ao relacionamento íntimo. Será necessário um esforço conjunto de ambos para manter acesa a chama do romance.

GIGANTA (*feminino*) + TRITÃO (*masculino*)

O Tritão e a Giganta parecem ser muito diferentes, mas, na verdade, foram feitos um para o outro. Ambos têm a capacidade de se concentrar no que é importante para eles e, em seguida, se juntar novamente, restaurados e renovados pelas experiências que viveram separados. O Tritão gosta do fato de a Giganta ser amorosa, mas não grudenta, e a Giganta gosta da força e da calma do Tritão.

Conheço um casal assim que mora na beira da praia, com seus dois filhos. A Giganta é responsável pela maior parte da criação dos filhos, uma tarefa que ela abraça com entusiasmo. Ela até é capaz de desviar a atenção do Tritão de seu amor pelo oceano com mais frequência do que qualquer outra criatura feminina.

GIGANTA (*feminino*) + GIGANTE (*masculino*)

Este casal começará a falar e a se movimentar da mesma forma e até mesmo se parecer um com o outro à medida que o tempo passar. Eles costumam ser quase inseparáveis e frequentemente organizam suas vidas de forma que possam comer, dormir, trabalhar e se divertir juntos. Conseguem se comunicar sem muitas palavras e, muitas vezes, um termina a frase do outro. Ambos são bastante domésticos e enfatizam os confortos do lar. Muitos casais de Gigantes decidem ter filhos juntos e são pais amorosos. Eles têm discussões, mas são desentendimentos bastante inofensivos na maioria das vezes, seguidos por recuos da parte do Gigante e pelo apaziguamento por parte da Giganta.

Um casal Gigante/Giganta está sempre brigando ou ignorando um ao outro, mas, no final das contas, são muito dedicados e criam bem os filhos, embora a maior parte dessa tarefa recaia sobre os ombros dela.

GIGANTA (*feminino*) + SÁTIRO (*masculino*)

O fato de o Sátiro e a Giganta não se sentirem atraídos um pelo outro normalmente é um ponto positivo. Ela não é o tipo dele, e ele não é o dela. A natureza gentil dela não representa um desafio muito grande para ele, e as agressivas técnicas de sedução dele são como um cartaz que diz PERIGO para ela. Ela é capaz de compreendê-lo com um olhar; e ele percebe que ela o vê como ele é. O sentimento de culpa que essa situação causa nele faz com que fuja com o rabo entre as pernas. Ela pode se sentir um pouco rejeitada se tiver de vê-lo paquerando as amigas dela, mas, no fundo, deveria se sentir aliviada. Nenhum dos dois precisa levar essa falta de química para o lado pessoal.

GIGANTA (*feminino*) + GNOMO (*masculino*)

Um Gnomo costuma necessitar do tipo de atenção que somente uma Giganta pode lhe dar. Um Gnomo que conheço relaxa no conforto dos braços de sua Giganta após ter sido alimentado por ela com uma gostosa refeição caseira. Esse é o remédio perfeito para um dia de trabalho longo e difícil. A Giganta pode ficar satisfeita com esse relacionamento, contanto que seu Gnomo a trate com respeito e atenda às suas necessidades também.

Giganta (*feminino*) + Fauno (*masculino*)

A Giganta e o Fauno são bastante adequados um para o outro se ambos puderem superar sua timidez inicial. A Giganta é uma cuidadora nata e o Fauno é eternamente infantil, em determinadas situações. Ela pode protegê-lo e acalmá-lo. Ele pode proporcionar a ela companheirismo e carinho. O vínculo entre eles pode não ser dos mais passionais, mas pode ser forte, estável e afetuoso, como é o caso de, pelo menos, um casal que conheço.

Giganta (*feminino*) + Vampiro (*masculino*)

O Vampiro pode tirar vantagem da Giganta; por isso, ela deve ficar alerta ao encontrar essa criatura. Ele pode ser, em essência, um explorador, a menos que tenha feito muita autoanálise, e se aproveitará de tudo que ela tenha a oferecer. Ela pode achá-lo atraente, mas também ficar contrariada com o jeito pomposo dele, o que provavelmente é bom, pois impedirá que ela se entregue demais logo no início. Vi essa situação acontecer uma ou duas vezes. Um Vampiro regenerado e com percepção aguçada pode ser um par potencialmente bem-sucedido para uma Giganta se ela aprender a cuidar de si em primeiro lugar quando estiver perto dele.

GIGANTA (*feminino*) + LOBISOMEM (*masculino*)

Um Lobisomem e uma Giganta, provavelmente, sentirão uma atração imediata. Ele sente que ela o aceitará como é, o que o deixa muito excitado. Ela também perceberá a atitude não crítica dele, o que aumentará a confiança sexual dela. Eles podem se juntar logo e se envolver profundamente, em um curto espaço de tempo. Quando o lado mais sombrio dele emerge, ela consegue lidar com ele com muita elegância, sem ficar chocada. Essa reação será terapêutica para ele, que talvez seja capaz de superar seus vícios com a ajuda dela. Um casal Giganta/Lobisomem que conheço optou por não começar uma família porque ambos estavam cientes de que ele precisaria que ela concentrasse a maior parte de sua energia nele para mantê-los juntos. Contanto que tal dinâmica funcione para a Giganta, esse casal pode construir uma vida feliz.

FADA UIVANTE (*feminino*) + CENTAURO (*masculino*)

O Centauro talvez seja o tipo favorito da Fada Uivante. A criatividade dele combina com a dela, assim como sua paixão. No entanto, a paixão da Fada Uivante, em geral, concentra-se, primeiramente, em seus interesses amorosos; somente depois é que ela canaliza essa paixão de maneira criativa. O Centauro é apaixonado pela própria arte, e embora esta possa ser direcionada para sua companheira de uma forma sexual, ele não busca intimidade da mesma forma que a Fada Uivante, o que pode ser muito frustrante para ela. Além disso, o Centauro pode se sentir ameaçado se a expressão criativa da Fada Uivante for mais bem-sucedida do que a dele. Ela, provavelmente, *terá* sucesso, uma vez que as Fadas Uivantes costumam ser prodígios nos campos escolhidos, enquanto os Centauros podem demorar a encontrar sua melhor forma de expressão, até um período bem tardio na vida. O sucesso dela pode fazer com que ele fique ainda mais introspectivo para poder encontrar inspiração. Ela não compreenderá sua insegurança porque, provavelmente, admira muito o talento artístico dele, sendo esse um dos principais motivos pelo qual ela o ama. Um Centauro mais velho, que já se sinta seguro, pode saber lidar melhor com uma jovem Fada Uivante precoce.

É assim com um casal que conheço. O roteirista Centauro mais velho foi casado durante anos com uma Sereia. Quando ela faleceu, ele passou longo tempo sozinho, até conhecer uma Fada Uivante espirituosa, apaixonada e quase 20 anos mais nova. A princípio, ele ficou intimidado, por ela ser tão inteligente e talentosa, e ela não tinha certeza se queria namorar alguém que a lembrasse tanto seu pai. No entanto, eles acabaram não conseguindo resistir um ao outro e estão felizes juntos até hoje.

Fada Uivante (*feminino*) + Elfo das Árvores (*masculino*)

Fadas Uivantes e Elfos das Árvores são um casal comum. Ele é um dos poucos tipos que não se sente nem um pouco ameaçado pela impetuosidade dela, que gostará do estilo pegajoso dele e, a despeito da natureza teimosa dela, geralmente acolherá com prazer suas sugestões. Ele pode aconselhá-la sobre como se curar. Ela sentirá que ele fala com compaixão verdadeira e poderá se desenvolver durante um tempo. Os problemas surgem quando a Fada Uivante mostra sua raiva. Esse é um lado natural da personalidade dela e está profundamente conectada à sua expressão criativa, mas o Elfo das Árvores pode achá-lo desanimador. Ele não é tão emocionalmente reprimido quanto o Elfo Urbano, mas ainda se sente desconfortável com o lado sombrio dos sentimentos. Ele pode se retrair, fazendo com que ela fique ainda mais decepcionada. Eles terão de fazer um trabalho psicológico e espiritual árduo para melhorar o relacionamento, mas ambos têm a profundidade e a inteligência emocional para torná-lo um sucesso se realmente desejarem.

Um Elfo das Árvores que conheço tinha acabado de romper um longo namoro com uma Dríade — artista e terapeuta — quando conheceu minha amiga Fada Uivante em uma oficina de dança livre. Durante várias semanas ele dançou intimamente com diversas criaturas femininas, inclusive minha amiga Fada Uivante. Convidou uma por uma para jantar após a aula, levando-as para sua casa e tirando fotografias, mas não foi para a cama com nenhuma delas, como um Sátiro teria feito. Todas aquelas mulheres se conheciam e discutiram a experiência que tiveram com o Elfo das Árvores. Minha amiga desconfiava dele e decidiu não se apaixonar, do mesmo jeito que algumas das outras pareciam ter feito. Ele a convidou com persistência para jantar e ela finalmente aceitou, mas desconfiada. Por fim, ele confessou o quanto gostava dela.

— Você andou gastando energia com todas as minhas amigas — disse ela, usando a linguagem típica do Elfo das Árvores que ele certamente entenderia.

Ele admitiu que ela estava certa.

— Você não parece querer se envolver seriamente.

Ele concordou. Imediatamente após, ele convidou uma Fada, uma Dríade e ela para irem à casa dele para jantar. Ele tinha velas, flores, vinho e algumas saladas orgânicas para suas convidadas. A Dríade caiu na sedução e, mais tarde, expressou seus sentimentos para ele da forma gentil e vulnerável que as Dríades costumam fazer. Ele disse a ela que a achava linda, mas que não sentia nada por ela, e ela ficou muito perturbada. A Fada estimulou minha amiga Fada Uivante a se envolver com ele, alegando sentir que havia algum sentimento entre eles. Felizmente, minha amiga Fada Uivante não se deixou seduzir — ela suspeita que, na verdade, ele seja um Bode das Árvores —, mas mesmo assim ele não desistiu.

O verdadeiro Elfo das Árvores com quem morei por algum tempo se juntou a uma Fada Uivante depois que terminamos. Na verdade, eu o apresentei a ela enquanto estávamos juntos. Embora brigassem com tanta paixão quanto eu e ele brigávamos, acho que eles, provavelmente, faziam amor ainda mais ardentemente, e pareciam entender um ao outro em um nível mais profundo. Enquanto eu e ele, hoje em dia, não somos nada mais do que bons amigos na internet, ele e a Fada Uivante mantêm um vínculo íntimo.

Fada Uivante (*feminino*) + Elfo Urbano (*masculino*)

O semblante calmo do Elfo Urbano pode ser atraente para uma Fada Uivante que esteja interessada em penetrar as defesas de outras criaturas. Ele, por sua vez, pode responder à natureza passional dela, pois esta reflete uma parte oculta dele. Ela pensará que ele está se abrindo para ela, e ele pode fazê-lo enquanto estiverem no meio de uma sessão de amassos. No entanto, a Fada Uivante pode, no final das contas, empurrar um Elfo Urbano para tão longe de sua zona de conforto que ele se tornará cada vez mais frio com ela. Quando ela reagir no típico estilo Fada Uivante, ele recuará, resmungará e fugirá, deixando-a desolada, mas artisticamente inspirada. Não há muita esperança para essas criaturas tão diferentes.

Conheço uma Fada Uivante que namorou vários desses Elfos, alguns por longo tempo. Ela é sempre atraída pela inteligência e pelo visual deles, com seus óculos pequenos e modernos e seus sapatos elegantes. Ela gosta de como eles apreciam o sexo quase tanto quanto ela, e a aparente repressão deles lhe proporciona o prazer de provocá-los. No entanto, após vários relacionamentos desse tipo, ela agora está inclinada a encontrar um Gigante ou um Centauro para um relacionamento mais duradouro.

Fada Uivante (*feminino*) + Elfo de Jardim (*masculino*)

Os Elfos de Jardim admiram e respeitam as Fadas Uivantes. Esse Elfo costuma ficar atento às necessidades de uma Fada Uivante e se dedicará a ela de forma quase fanática. Ela, por sua vez, pode contar com ele para apoio intenso e o estimulará em seus esforços. Eles compartilharão um afeto mútuo, mas isso raramente se tornará sexual. A vulnerabilidade na esfera dos relacionamentos românticos de ambos pode constituir uma vantagem; eles podem formar um elo duradouro que não é ameaçado pelos desafios do romance.

Minha melhor amiga Fada Uivante divide o tempo dela comigo e com seu Elfo de Jardim. Quando não quer lidar com as neuroses da Ninfa da Floresta (a Fada Uivante compreende essas neuroses e costuma ser paciente, mas ela também enfrenta desafios semelhantes), ela pode contar com ele para a mesma dedicação, sem a ansiedade extrema. Ela nos encoraja com sua força de durona.

FADA UIVANTE (*feminino*) + **ESPÍRITO DA FLORESTA** (*masculino*)

Um Espírito da Floresta costuma não ter problemas com criaturas exigentes, mas as Fadas Uivantes podem ser demais até para ele. Ela pode achá-lo engraçadinho, mas um tanto superficial para o gosto dela. O relacionamento entre eles, frequentemente, começará com um encontro sexual que nenhum dos dois espera que dure. No entanto, às vezes, a química entre esses dois supera essas avaliações iniciais e eles podem continuar se encontrando. Com o passar do tempo, um relacionamento pode desabrochar. A Fada Uivante pode se acalmar e baixar a guarda com relação ao Espírito da Floresta, quando exposta à energia tranquilizadora dele, e, inspirado por ela, ele pode se tornar mais disposto a correr riscos. Após o relacionamento se solidificar, eles podem até mesmo começar a tentar mudar o mundo juntos.

Terei de me referir novamente a Brad Pitt e Angelina Jolie nesse caso, uma vez que ela é quase tanto Fada Uivante quanto Sereia, ou certamente costumava ser, quando mais jovem. Uma olhada nas fotografias do Espírito da Floresta loiro e da Serfada Uivante tatuada na cama com seus inúmeros filhos naturais e adotados, ou correndo pelos corredores do aeroporto com sua prole, ilustra melhor a história do que centenas de palavras.

FADA UIVANTE (*feminino*) + TRITÃO (*masculino*)

A intensidade da Fada Uivante não amedronta o Tritão, que está acostumado ao imprevisível comportamento do oceano. Seu modo descontraído pode ser reconfortante para ela. No entanto, ela costuma exigir determinada dose de conflito para se inspirar, sendo assim, pode ficar facilmente entediada com essa criatura pacata. Se explodir de raiva em uma tentativa de envolvê-lo em seu drama, ele não morderá a isca e sairá de cena calmamente. Essa atitude dele pode deixá-la ainda mais frustrada. O melhor prognóstico para esse casal é a Fada Uivante mergulhar no mundo natural dos Tritões, onde poderá encontrar todos os desafios, inspiração e adrenalina que anseia, e ele poderá continuar a desfrutar daquilo que mais ama. Uma Fada Uivante que conheço foi tão acalmada por seu Tritão que se transformou em uma Dríade!

FADA UIVANTE (*feminino*) + GIGANTE (*masculino*)

Embora costumem se encantar com a emotividade da Ninfa da Floresta, os Gigantes podem ficar intimidados com a Fada Uivante. Um Gigante pode optar por não se aproximar de uma Fada Uivante, mas ele, definitivamente, notará e valorizará a beleza selvagem dela e, muitas vezes, a admirará a distância. Ela está envolvida demais em sua paixão atual para prestar muita atenção nele. Se eles se tornarem mais íntimos, ela o respeitará e apreciará seu gosto, mas ele dificilmente saberá o que fazer com ela, caso a conquiste. A Fada Uivante pode precisar se envolver com um tipo mais assertivo. As probabilidades são pequenas para eles no que diz respeito ao romance, embora artisticamente seja possível que tenham um bom relacionamento.

Todavia, determinados Gigantes podem ser os melhores e mais calmos companheiros para as agitadas Fadas Uivantes, e uma Fada Uivante certamente pode animar um Gigante. Conheço um casal Fada Uivante/Gigante que foi feito um para o outro. Desde o início do relacionamento, ela raramente tem crises nervosas ou se enfurece, e ele tem um brilho no olhar e um aspecto animado. Ele é o único que de fato aprecia as cantoras/compositoras intensamente emocionais que ela ama, e ela *é* a cantora/compositora intensamente emocional que ele ama.

FADA UIVANTE (*feminino*) + SÁTIRO (*masculino*)

A química entre uma Fada Uivante e qualquer Sátiro — ou tipo de combinação envolvendo um Sátiro — é palpável. Por ambos serem muito sexuais, eles podem se envolver muito rapidamente. O Sátiro não será capaz de resistir ao desafio da Fada Uivante, que possui toda a profundidade e paixão que ele constantemente busca. O problema é que, no fundo, a Fada Uivante não deseja uma conexão meramente física. Ela está buscando um componente emocional e até mesmo espiritual bem mais profundo, muito embora possa não admiti-lo. No fundo, o Sátiro se sentirá inadequado na presença dela e irá em busca de uma criatura menos feroz e exigente. Se isso acontecer, ela transformará a experiência em uma música poderosa ou em outro trabalho de arte, portanto, nem tudo estará perdido.

Uma das minhas melhores Fadas Uivantes teve uma experiência tumultuada com um Bode das Árvores que conheceu em um festival de música. Ele se aproximou e dançou com ela de uma forma íntima e sedutora. No dia seguinte, eles estavam sozinhos em um bosque, rolando no chão e trocando carícias loucamente. A química foi poderosa, pois ambos são muito sensuais e desinibidos sexualmente.

Alguns dias mais tarde o Bode das Árvores apareceu com uma mulher que apresentou como namorada. A Fada Uivante ficou terrivelmente decepcionada e o confrontou, como as Fadas Uivantes costumam fazer. Ele pediu desculpas, dizendo que havia terminado com a ex-namorada mas ela aparecera no festival inesperadamente.

— Por que você a apresentou como sua namorada, então? — reclamou a Fada Uivante.

— Eu não queria deixá-la sem graça — disse ele.

Isso, certamente, não foi nenhum consolo para minha Fada Uivante, que rompeu relações com ele da forma abrupta e cruel que as Fadas Uivantes fazem quando seu coração, mais delicado do que aparenta ser, é ferido inesperadamente. Claro que depois ela escreveu uma peça sobre o incidente.

CASAIS MITOLÓGICOS

FADA UIVANTE (*feminino*) + **GNOMO** (*masculino*)

As Fadas Uivantes são desdenhadas por Gnomos desde o início, mas o Gnomo pode se sentir menos ameaçado pela Fada Uivante do que por outros tipos. Ela representa um desafio para ele, que gosta de enfrentar provações. Ele reconhecerá facilmente os dons e a possível genialidade dela, e desejará estimular e explorar essas qualidades, dependendo do tipo de Gnomo que for. Ele pode ser um bom parceiro para ela na vida e/ou nos negócios. Se for explorador, ela geralmente o perceberá, com seu afiado instinto, e o rejeitará, mas as Fadas Uivantes jovens que foram magoadas de alguma forma na infância podem ficar facilmente vulneráveis à exploração. Por outro lado, se ele for um Gnomo amoroso, a jovem Fada Uivante nem sempre conseguirá reconhecer os dons que ele tem a oferecer, sobretudo se estiver preocupada em procurar Sátiros ou Centauros inacessíveis. Um Gnomo consciencioso e uma Fada Uivante madura, como um gerente e uma coreógrafa que conheço, podem formar um bom, porém estranho, casal.

FADA UIVANTE (*feminino*) + **FAUNO** (*masculino*)

As Fadas Uivantes costumam amedrontar os Faunos, mas alguns deles admirarão esse tipo fascinante. Por sua vez, uma Fada Uivante conseguirá detectar a sexualidade ambígua do Fauno imediatamente, podendo ser repelida por isto. Afinal, ela é atraída por criaturas objetivas no que desejam, mesmo que não seja o que ela quer. Todavia, se algum dia esses dois tiverem oportunidade de passar algum tempo juntos, podem ser capazes de aprender algo um com o outro. O Fauno pode entrar em contato com sua paixão interior caso se associe a uma Fada Uivante e a Fada Uivante pode ser acalmada e confortada pela maneira de falar, delicada e descontraída, dele. Ele é um bom ouvinte — mesmo quando não contribui muito para a conversa — e ela tem sempre pensamentos e sentimentos intensos em abundância.

O casal Fauno/Fada Uivante que conheci terminou o noivado quando ele ficou com medo e achou que ela estava exigindo demais dele. Ela acabou se envolvendo com uma Sílfide, e ele conheceu uma Fada muito mais jovem, mas continuou a servir de conselheiro para o filho de um relacionamento anterior da Fada Uivante. Em seu novo relacionamento, o Fauno continuou a flertar casualmente com criaturas masculinas e femininas, mas a Fada — ao contrário da Fada Uivante — foi capaz de manter para si qualquer decepção que isso possa ter causado.

Fada Uivante (*feminino*) + **Vampiro** (*masculino*)

Nem todo tipo consegue compreender um Vampiro tão bem quanto a Fada Uivante. Ela reconhecerá sua personalidade complexa como um disfarce, mas também apreciará seu encanto. As tatuagens, o corte de cabelo radical e os piercings dela são a maneira que usa para se disfarçar. Para ambos, esses sinais exteriores têm importante significado simbólico e não são apenas superficiais. A Fada Uivante e o Vampiro podem ir longe, por causa de suas estéticas compatíveis. Eles costumam gostar do mesmo tipo de música, ou pelo menos descobrem que seus interesses são os mesmos. Eles gostam do mesmo mundo noturno e apreciam moda, arte, filmes e literatura de vanguarda. Um possível desafio para esse casal é que o Vampiro tende a ser bastante calmo ou até frio, enquanto a Fada Uivante é extremamente ardente. Embora possam desfrutar de relações sexuais desinibidas, a intimidade emocional entre eles é mais difícil de ser alcançada. A Fada Uivante pode se tornar imprevisível e exigente demais para o Vampiro, afastando-o inconscientemente. Ele se tornará cada vez mais frio e é possível que se separem. Se uma Fada Uivante quiser um relacionamento com um Vampiro, vai ter de controlar suas emoções, e ele terá de abrir o coração. O relacionamento de Tori Amos com Trent Reznor, da banda Nine Inch Nails, enquadra-se nessa categoria. O namoro inspirou muitas composições pungentes de Tori depois que terminou.

Outro exemplo também vem do mundo do rock. PJ Harvey é uma combinação Fada Uivante/Vampiro rara cujo romance com o Vampiro Nick Cave provou ser criativamente produtivo, embora também não tenha durado.

FADA UIVANTE (*feminino*) + LOBISOMEM (*masculino*)

Fadas Uivantes se dão bem com Lobisomens. Elas amam sua aparência despojada, mas, de certa forma, sempre moderna; seu interesse pelas artes e o lado sombrio que ela sabe que existe oculto. Ela não se sente nem um pouco ameaçada pelo comportamento toxicômano dele, e muitas vezes, na realidade, é atraída por isso. Ele, certamente, pode apreciar muito o lado misterioso dela também. Ele é menos volúvel do que um Sátiro e se sente menos facilmente ameaçado do que um Centauro. Quando seu lado sombrio se manifesta, ele sabe que ela não o rejeitará por isso. Ele pode até concluir que precisa se comportar destrutivamente com menos frequência. Em vez de se desinteressar por ele quando faz isso, a Fada Uivante ficará até mesmo mais profundamente apaixonada por seu Lobisomem.

Conheço um casal Fada Uivante/Lobisomem que se conheceu em reuniões dos Alcoólicos Anônimos, e ambos imediatamente se sentiram atraídos pela personalidade magoada e difícil do outro. Por estarem em recuperação, conseguiram pegar essa atração sombria e transformá-la em um relacionamento saudável e amoroso.

GNOMA (*feminino*) + CENTAURO (*masculino*)

Uma Gnoma pode ajudar um Centauro a alcançar sucesso proporcionando as habilidades organizacionais e promocionais que ele pode não ser capaz de encontrar em si. Por meio desse tipo de relacionamento de trabalho, o amor pode surgir entre eles. Uma Gnoma boa e firme pode ser a chave para a felicidade de um Centauro, se ele não for distraído por uma Sereia ou Ninfa da Floresta. Outros problemas menos sérios podem surgir, se ele ficar tão absorto em seu trabalho a ponto de deixar de dar a atenção que ela precisa. Ela não é tão exigente com os homens quanto outros tipos (embora possa entrar em choque com mulheres), e tem seu trabalho para mantê-la ocupada. Porém, assim como qualquer criatura, ela gosta de se sentir estimada. O Centauro precisa demonstrar o quanto valoriza essa criatura se quiser manter o relacionamento vivo.

Um casal que conheço foi capaz de fazer o relacionamento dar certo quando a Gnoma desistiu de algumas de suas obrigações comerciais em troca de buscas mais criativas, da mesma forma que seu namorado artista fez. Assim, houve menos frustração entre eles.

Gnoma (*feminino*) + Elfo das Árvores (*masculino*)

Superficialmente, esse parece um casal improvável, e ele é raro. Porém, eu conheço uma Gnoma que é muito feliz com seu namorado garçom Elfo das Árvores. Ele é despreocupado o suficiente para não se importar com a forte personalidade dela, e ela confia na natureza despreocupada dele para ajudá-la a relaxar após um dia difícil no escritório. Ela não se sente ameaçada pelos flertes ocasionais dele com outras criaturas femininas porque está muito ocupada com sua carreira profissional e gosta do reconhecimento que recebe nessa área. Às vezes, os opostos de fato se atraem!

Gnoma (*feminino*) + Elfo Urbano (*masculino*)

Os Elfos Urbanos não ficam intimidados com criaturas femininas fortes, então, o sucesso profissional da Gnoma só servirá para aumentar o interesse dele. Por sua vez, ela gostará da eficiência e da organização dele. Ambos são muito sensíveis, e é provável que não criem atritos um com o outro muito frequentemente. Sexualmente, a Gnoma pode não ser tão aventureira quanto o

Elfo Urbano (poucos tipos femininos o são), mas ele costuma ser capaz de aceitar essa diferença entre eles. Ele tende a considerar seu interesse em sexo quase excessivo e se envergonha um pouco disso de qualquer forma. Ele dará atenção a ela na cama e fora dela. Podem desfrutar de um relacionamento longo e íntimo, embora, geralmente, não escolham colocar pequenas criaturas no mundo. Ambos são focados demais em suas carreiras para isso. O lado positivo é que eles terão tempo e recursos para dar ênfase em seu relacionamento, assim como meus amigos Gnoma/Elfo Urbano que estão mantendo uma relação saudável e interessante, até mesmo enquanto envelhecem juntos.

GNOMA (*feminino*) + ELFO DE JARDIM (*masculino*)

Normalmente, não existe muito potencial para romance aqui. O Elfo de Jardim pode se relacionar melhor com a Gnoma platonicamente, enquanto tenta ajudá-la com seus relacionamentos ou carreira. Ele será mais bondoso e gentil com ela do que com outros tipos porque a Gnoma não constitui uma ameaça para ele, que reconhece a sensibilidade latente dela. Ela receberá suas sugestões com prazer, e ele celebrará alegremente o sucesso dela.

Apesar da raridade dessa combinação, conheço um casal desse tipo que está casado há anos. Eles administram um salão de cabeleireiro juntos — ele corta; ela cuida da contabilidade. Eles também têm um filho que amam e criam juntos.

Gnoma (*feminino*) + Espírito da Floresta (*masculino*)

As Gnomas e os Espíritos da Floresta podem não se encontrar muito no mundo do namoro quando são jovens, mas, à medida que envelhecem, é mais provável que se conectem. Se decidirem formar um relacionamento estável, podem ter uma vida familiar muito feliz. Em geral, ela será quem sairá para trabalhar e ele, ficará em casa, com as criaturinhas. Ela trará o contracheque, ele, irá preparar as refeições. Ele a encantará para fazerem amor, mesmo quando ela estiver cansada após um longo dia; e, em geral, ela se sentirá melhor depois disso. Eles podem discutir por causa da casa bagunçada, mas esse, em geral, é o pior de seus conflitos. Os filhos crescerão muito bem-adaptados, pois os pais estarão fazendo aquilo de que mais gostam.

Conheço vários casais Gnoma/Espírito da Floresta felizes que constituíram família.

Gnoma (*feminino*) + Tritão (*masculino*)

A Gnoma e o Tritão não costumam frequentar o mesmo lugar, ao mesmo tempo. Eles enfrentam os mesmos desafios que a Elfa Urbana e o Tritão. No entanto, o temperamento da Elfa Urbana é um pouco mais artístico, então, ela ficará mais propensa a contemplar o Tritão por meio dos olhos de um artista. A Gnoma examinará a vida do Tritão de uma perspectiva prática, e se perguntará como ele fará para pagar as contas e quando deixará de pagar aluguel e comprará uma casa. Por essas razões superficiais, a Gnoma e o Tritão podem nunca ficar juntos, nem mesmo por uma única noite. (Esse não é o estilo dela, de qualquer forma.) Ela pode ser capaz de ajudá-lo a encontrar um emprego ou de representá-lo como corretora de imóveis se ele, finalmente, acabar comprando aquela cabana na praia. Ele pode ajudá-la a aumentar a autoconfiança se ele estiver com vontade de flertar. O Tritão tem um efeito bastante tranquilizante sobre criaturas femininas quando quer exercer seu encanto.

Uma Gnoma que conheço ficou obcecada por Tritões na adolescência. Não queria namorar mais nenhum outro tipo. Ela era tão atraente e, de alguma forma, exótica para eles, com suas notas altas e forma meticulosa de se vestir, que todos se apaixonavam por ela também, mas ela não sentia que eles realmente compreendessem quem ela era, e terminou por estabelecer um relacionamento duradouro com um Gnomo dedicado que compartilhava de todos os seus interesses.

GNOMA (*feminino*) + GIGANTE (*masculino*)

Esse é um par muito bom para a Gnoma. O Gigante gentil é muito atencioso com os sentimentos dela e respeita seu sucesso sem se sentir ameaçado. Ela valorizará a atitude serena e afável dele, que lhe proporciona tranquilidade. Provavelmente, eles terão um namoro muito prazeroso e sem conflitos. O Gigante pode se retrair um pouco quando sua Gnoma passar tempo demais no escritório, mas ela pode animá-lo facilmente com um pouco de aconchego. No caso de um casal desse tipo que conheço, ele desejou ter filhos antes dela, mas por fim ela acabou se afastando do trabalho por um tempo para criar uma família com seu Gigante.

Conheço outro casal Gnoma/Gigante que se casou aos 40 anos e permaneceu junto até ambos falecerem, aos 90! O romance nunca morreu entre eles.

Gnoma (*feminino*) + Sátiro (*masculino*)

O Sátiro pode pegar a inocente Gnoma desprevenida. Ela pode estar feliz, concentrada em sua carreira, até ele aparecer subitamente e tentar seduzi-la. Ele se aproximará vagarosamente e não exibirá suas tatuagens e seus piercings de imediato. Com o passar do tempo, ela pode ceder aos avanços. A Gnoma ficará mais ferida do que aparenta quando ele a abandonar. Provavelmente, é melhor para ela evitar esse tipo de uma vez por todas.

Desculpem-me Sátiros. Sei que estou lhes dando poucas opções. Talvez eu seja um pouco preconceituosa.

Gnoma (*feminino*) + Gnomo (*masculino*)

O Gnomo é organizado, eficiente e sensível, assim como o Elfo Urbano, mas não é tão estimulante para suas companheiras. Ele precisa de uma criatura que cuide dele, e o foco principal da Gnoma é em sua carreira. Ambos terão de ceder um pouco para que o relacionamento funcione, mas têm muito em comum, então, vale o esforço. Na cama, terão de se revezar para iniciar a intimidade, ou esta poderá diminuir entre eles. Apesar do foco nas respectivas carreiras, esse par, provavelmente, desejará ter criaturinhas, uma vez que Gnomos e Gnomas costumam ser muito tradicionais. Enquanto o Elfo Urbano é emocionalmente, se não profissionalmente, um eterno jovem que pode se sentir incapaz de assumir as responsabilidades emocionais da paternidade, e o Fauno é o exato oposto — infantil do ponto de vista profissional, mas potencialmente um pai dedicado —, o Gnomo é bastante responsável, tanto em sua carreira quanto como pai, e na verdade pode ser ele a estimular a Gnoma a formar uma família. Se a conexão entre esses dois não for romântica, ou até se for, eles também podem ser extremamente bem-sucedidos como sócios comerciais. Ambos são facilmente encontrados em quase qualquer ambiente de escritório.

Gnoma (*feminino*) + Fauno (*masculino*)

Os Faunos gostam da postura imperativa da Gnoma, e, para ela, eles podem representar uma mudança animadora quando comparados ao Gnomo energético ou ao Elfo Urbano metrossexual distante — dois tipos que ela, provavelmente, encontrará com mais frequência. O Fauno fica à vontade com mulheres fortes e, portanto, não se sente ameaçado se a Gnoma ganhar mais dinheiro ou estiver em uma posição de maior poder do que ele. Ela não é tão atlética quanto ele, mas tem algum interesse por esportes e, provavelmente, também frequenta uma academia de ginástica, mesmo que esse não seja seu passatempo favorito. Muitas vezes esses tipos se acomodam em uma vida confortável, na qual ela é a principal provedora e ele cuida dos filhos. Esse, provavelmente, não é dos relacionamentos mais apaixonados, e, seja qual for o fogo que tenha existido no começo do relacionamento, ele pode esfriar com o passar do tempo, porém, não será o motivo de uma separação, pois esse passo não é prioridade para nenhum dos tipos.

Conheço um casal assim que está feliz criando dois filhos, juntos. Ela trabalha como agente de um artista e ele se envolve em projetos criativos e cuida dos pequenos. Embora eu a tenha flagrado irritada, revirando os olhos por causa do comportamento infantil dele, eles são muito dedicados um ao outro. Um casal ficcional que se encaixa nessa categoria é a advogada Miranda e o barman Steve de *Sex and the City*.

Gnoma (*feminino*) + Vampiro (*masculino*)

Mais uma vez, é provável que fatores superficiais sejam responsáveis por manter essas duas criaturas separadas. O estilo e os maneirismos extremos do Vampiro podem parecer amedrontadores para a maioria das Gnomas, e as Gnomas aparentam ser convencionais demais para o tão consciente da imagem Vampiro. No entanto, pode haver muita atração sexual entre essas duas criaturas improváveis. Eles podem não escolher ceder a essa atração, mas, se o fizerem, terão uma surpresa e tanto. O Vampiro faz florescer o lado selvagem secreto da Gnoma e ela pode inspirar um lado mais suave dele. Ele pode, inconscientemente, reconhecer que ambos estão se escondendo por trás de uma imagem, embora a dele seja muito mais visível e óbvia. É provável que ambos tenham medo de alguma coisa. Se o Vampiro e a Gnoma superarem seus preconceitos e aprenderem a confiar um no outro — como é o caso de um casal que conheci —, poderão explorar seus medos juntos, tanto na cama quanto fora dela, e conhecer algumas fascinantes verdades sobre si mesmos.

GNOMA (*feminino*) + LOBISOMEM (*masculino*)

A princípio o Lobisomem parece menos estranho para a Gnoma do que o Vampiro, mas ele exerce um tipo semelhante de influência sobre ela. Ela, provavelmente, não foi exposta a criaturas semelhantes a ele, então, não saberá exatamente como reagir quando ele revelar seu lado oculto. A atração por ele permanecerá forte, mas ela pode ficar com medo e acabar se retraindo. O Lobisomem pode nem persegui-la; ele é muito sensível à rejeição e pode se sentir inferior desde o começo.

— Ela parece ter uma vida tão bem-controlada — um Lobisomem me falou sobre uma Gnoma em quem estava interessado. — Por que ela desejaria ficar com um fracassado como eu?

Eu o tranquilizei, mas não tinha certeza de como a Gnoma em questão realmente se sentia. Mesmo se ela não o considerasse um fracassado, é possível que, por fim, pudesse não ter desejado arriscar estabelecer um relacionamento duradouro com um tipo tão inconstante.

No entanto, existe alguma esperança para esses dois tipos. Uma advogada Gnoma conhecida minha está casada com seu cabeleireiro Lobisomem há anos. Eles têm um filho e um casamento feliz e funcional.

CASAIS MITOLÓGICOS

Sílfide (*feminino*) + Centauro (*masculino*)

Uma Sílfide flertará com um Centauro quando eles se encontrarem, e ele amará o sorriso dela, mas, depois que começarem a conversar mais seriamente, podem descobrir que não têm muito em comum. Sílfides costumam considerar os Centauros um pouco confusos e irritantes. Ela é, em geral, um tipo bastante tolerante, mas não compreende a fascinação dele pelo trabalho, e o trabalho é tão importante para o Centauro que ele pode perder o interesse nela um tanto rapidamente. Às vezes, eles podem superar essa dificuldade — se ela tiver paciência suficiente para entender o que o motiva e se ele aprender a entender que o sorriso e a força dela podem ser tão encantadores quanto o mais recente projeto criativo dele.

Sílfide (*feminino*) + Elfo das Árvores (*masculino*)

A princípio o Elfo das Árvores é um pouco demais para a Sílfide. Ela não entenderá bem o misticismo e o interesse dele por materiais esotéricos. Ele a considerará muito engraçadinha e desejará conhecê-la melhor. Se ele se engraçar para o lado dela, ela pode ser arrebatada, porém, sem entender bem o que aconteceu. Eles apreciarão caminhadas e passeios de bicicleta, e na cama ele será atencioso, paciente e inspirador para ela. Ela pode crescer e aprender com ele, que pode ter o prazer de despertá-la para novas experiências e conceitos. Ele não costuma ser um tipo muito crítico, então, se as coisas caminharem mais ou menos bem, ele, provavelmente, ficará satisfeito com o relacionamento. Eu conheço vários Elfos das Árvores que desistiram de seus romances com desafiadoras Fadas Uivantes e Ninfas da Floresta para sossegarem e construírem famílias com Sílfides pragmáticas.

SÍLFIDE (*feminino*) + ELFO URBANO (*masculino*)

O Elfo Urbano pode se tornar defensivo na companhia da Sílfide. O sorriso luminoso dela pode parecer agressivo para ele. Ela não tem muita energia sexual com ele, pois raramente a tem no início do relacionamento com qualquer pessoa, e o sensível Elfo pode considerar essa falta de energia um sinal de rejeição. Ela é bem afiada mentalmente, mas não muito interessada em algumas das atividades intelectuais dele. E ela é muito atlética! (Os Elfos Urbanos não costumam ser.) A Sílfide pode interpretar a atitude defensiva dele como frieza e evitá-lo. Se eles conseguirem superar essa tensão inicial, poderão desfrutar da companhia um do outro por algum tempo, mas não têm muito em comum. Ela o considera sério demais; ele pode achar que o sorriso dela é um disfarce para determinada superficialidade (não é). Ela vai querer se exercitar na academia; ele vai querer caminhar pela cidade ou se alongar na sala de estar. Ela vai querer assistir a um filme divertido; ele vai querer ver um filme estrangeiro ou ler um livro. Ele gostaria de passar o primeiro encontro na cama fazendo sexo e ela deseja uma boa refeição e ficar abraçadinha. As Sílfides são um tipo bastante específico que, muitas vezes, não combina com outros tipos, mas se ela for parte Elfa Urbana e ele for parte Fauno, como é o caso de um casal que conheço, os interesses intelectuais dela e a sexualidade menos onipresente dele poderão ajudar para fazer essa combinação funcionar.

Sílfide (*feminino*) + Elfo de Jardim (*masculino*)

Um entendimento prazeroso pode se desenvolver entre a Sílfide e o Elfo de Jardim, mas há momentos em que eles irritam um ao outro. Ele não compreende o gosto dela (ou a falta dele, como ele tende a defini-lo) e ela não compreende as críticas dele. Eles podem ficar frustrados um com o outro e desistir, ou persistir e desfrutar dos benefícios de seu relacionamento — conversas animadas, fofocas emocionantes e um aliado leal quando alguém se dirigir com raiva para atacar um deles.

Meu professor de ioga Elfo de Jardim (admito, ele é um pouco Elfo das Árvores também) está sempre rodeado de Sílfides. Elas o adoram, e ele gosta da atenção delas. Todos podem fazer posturas de equilíbrio nos braços no centro da sala e contar piadas durante a aula. Depois, fazem um programa juntos. Francamente, fico com um pouco de ciúme, mas sou Ninfa da Floresta demais para ao menos tentar participar da diversão.

Sílfide (*feminino*) + Espírito da Floresta (*masculino*)

A Sílfide é uma fã dos Espíritos da Floresta, e a postura amigável dela pode atrair facilmente essa criatura. Ele amará o sorriso dela e ela amará a masculinidade e a doçura dele. Nenhum deles criticará o outro por ser pouco profundo ou superficial, enquanto outros tipos talvez pudessem criticá-los por isso. Eles apreciarão atividades ao ar livre, filmes populares, música e novos restaurantes juntos. A vida sexual deles pode ser um pouco previsível, uma vez que o Espírito da Floresta costuma depender de sua parceira para manter a variedade e o romance. A Sílfide pode não ser tão interessada nesse aspecto do relacionamento quanto alguns outros tipos. Se for o caso, o Espírito da Floresta talvez se sinta atraído sexualmente por uma Sereia ou por uma agressiva Ninfa da Floresta, mas a afeição por sua Sílfide pode acabar vitoriosa caso ela permaneça focada nas necessidades dele. Por mais sexista que possa soar, isso faz parte do acordo quando se está com um Espírito da Floresta, criaturas femininas! Se você quiser uma criatura mais cuidadosa, fale com um Elfo das Árvores ou com um Gigante!

Uma Sílfide com quem tive um desentendimento há alguns anos está casada e feliz com um ex-Sátiro, que se tornou Espírito da Floresta após terem filhos.

SÍLFIDE (*feminino*) + TRITÃO (*masculino*)

As Sílfides toleram a obsessão dos Tritões com a natureza porque ela envolve atividade física — algo pelo qual elas também podem se tornar obcecadas. Ela amará a força física dele; ele, a esportividade dela. Eles apreciarão atividades e refeições ao ar livre, juntos. Terão prazerosos encontros sexuais, mas esses encontros podem não ser prioridade para eles.

Conheço um casal Sílfide/Tritão que traz à tona o que há de melhor um no outro. Ela é professora de educação física; ele, instrutor de natação. Então, ambos passam muito tempo com crianças. Eles participaram de competições de Triathlon juntos. Seus amigos os acham encantadores e frequentemente visitam o condomínio deles para tomar uma cerveja, papear em um churrasco e relaxar na banheira de hidromassagem.

Sílfide (*feminino*) + Gigante (*masculino*)

Esta é uma combinação muito bem-sucedida que pode durar anos, e até mesmo a vida inteira. Conheço um casal assim. A Sílfide aprecia a estabilidade, a lealdade e a adoração respeitosa do Gigante — esse comportamento dele não a faz se sentir nem um pouco claustrofóbica ou sufocada. O Gigante gosta do fato de ela ser mais previsível do que as Fadas ou as Ninfas da Floresta e, por ela não ser tão explicitamente sensual quanto outros tipos, ele não se sente tão intimidado com ela. Ele admira a beleza, a força e a astúcia da Sílfide. O Gigante raramente ou nunca a insulta, então, ela não precisa lhe mostrar seu lado vingativo. Ela acha que ele é adorável e carinhoso, além de suave e até mesmo agradavelmente excêntrico. Ela pode desejar que ele seja um pouco mais fisicamente ativo, mas é provável que ela faça uma quantidade de exercícios suficiente para duas criaturas. A libido de ambos são fracas, dessa forma, ela raramente é forçada a rejeitar os avanços dele e, por sua vez, ele quase nunca a ronda cheio de desejo.

Sílfide (*feminino*) + Sátiro (*masculino*)

Os Sátiros gostam do modo tranquilo das Sílfides. Muitos outros tipos femininos parecem prontos para enfiar as garras emocionalmente, mas a Sílfide se apresenta como uma amiga querida que não o sobrecarrega com expectativas emocionais. Ele logo descobrirá que confia nela, e se deleitará na energia agradável e na luz de seu sorriso. Essa interação, provavelmente, acabará em sexo, como a maioria dos relacionamentos do Sátiro. Ele saberá exatamente como convencê-la a levar a amizade deles para além da esfera platônica. Eles podem se divertir muito na cama; a Sílfide fica inspirada pelo desejo sexual do Sátiro e pode conseguir superar um determinado enfado ou relutância geral entre quatro paredes. O entusiasmo e o carisma dela se tornarão evidentes à medida que se tornar mais segura com ele. Infelizmente, sua ingenuidade pode fazer com que fique ligada demais no instável Bode, que tem potencial para magoá-la. Por outro lado, ele pode perceber que talvez nunca mais encontre uma amiga tão boa, íntegra e compreensível, e continuar por perto. Ela só precisará levar em conta que terá de correr um risco; ele pode se distrair com outras criaturas, mas se ela for paciente e não ficar magoada a ponto de recusar seu retorno, em geral, ele volta.

Conforme mencionado, o Sátiro que namorei por um ano está agora feliz com uma Sílfide atlética que pratica kickboxing. Ela é menos exigente com ele do que eu fui, menos pegajosa e emocional. Ela continua a se encontrar com duas outras criaturas enquanto está namorando com ele, de forma que ele nunca se sente confinado. Essa Sílfide é do tipo que se relaciona com todo mundo, dando loucas risadas e chamando todo mundo de "cara". Nunca tem um olhar triste ou recriminador! Ele diz para ela que a ama e fazem sexo regularmente, mas não parece planejar nada além disso. Embora você nunca saiba, existe um dia, até mesmo na vida de um Sátiro, em que ele pode simplesmente decidir sossegar.

Sílfide (*feminino*) + Gnomo (*masculino*)

É provável que esses dois tipos se encontrem, namorem e até mesmo sosseguem juntos. A Sílfide é imediatamente atraída pelas habilidades comerciais, confiança e sucesso financeiro do Gnomo. Ele gostará da personalidade cordial e indolente dela. O fato de ela nem sempre possuir uma paixão intensa por algo pode ser visto como uma vantagem para ele, que descobrirá que tem menos com que competir pela atenção dela — e Gnomos precisam de muita atenção. Esses tipos ficam à vontade com a ideia de se acomodar em um relacionamento duradouro e começar uma família. Eles são capazes de construir uma casa bonita e acolhedora juntos, e manterão um relacionamento amoroso por anos. O único desafio que podem precisar enfrentar é se o Gnomo se envolver muito com o trabalho — como uma criatura do mundo dos negócios que conheço — e sua Sílfide se sentir rejeitada. Ele precisará reavaliar suas prioridades se quiser manter o relacionamento.

Sílfide (*feminino*) + Fauno (*masculino*)

Sílfides e Faunos formam um bom casal e costumam se tornar amigos instantaneamente. A extrovertida Sílfide dará um sorriso brilhante para o mais reservado Fauno, dará boas risadas com as piadas inocentes dele e fará perguntas para conhecê-lo. Ela será uma tagarela, e ele a ouvirá atentamente; em seguida, ele arriscará se abrir, e ela o estimulará o tempo inteiro. Eles compartilharão interesses semelhantes, como exercitar-se em academias, praticar esportes ao ar livre e participar de reuniões sociais. Ambos, geralmente, são fortes fisicamente. Possuem um estilo informal semelhante, embora o Fauno, provavelmente, passe um pouco mais de tempo cuidando da aparência do que a Sílfide. Nenhum dos dois é, de modo especial, orientado por sua sexualidade, então, esse aspecto do relacionamento deles pode demorar a se desenvolver ou perder força ao longo do tempo. Algumas Sílfides podem se sentir insultadas ou desprezadas pela falta de interesse do Fauno em sexo, mas muitas ficam, na realidade, aliviadas com isso, sobretudo quando envelhecem. Quando a Sílfide e seu Fauno discutem — o que é bastante raro —, podem assumir posições tão dogmáticas que levará algum tempo até encontrarem uma solução. No entanto, eles normalmente fazem as pazes e, independente do que possa acontecer, é provável que permaneçam amigos para sempre. Essa é uma posição incomum para a Sílfide, conhecida por guardar ressentimento com relação a alguns dos outros tipos.

O casal que conheço e que melhor exemplifica esse par se conheceu na academia (onde mais?). Eram apenas amigos no começo, gentilmente provocando um ao outro enquanto compartilhavam os mesmos aparelhos de levantamento de peso e apreciavam filmes e almoços juntos. Logo o romance floresceu, embora tenham mantido o relacionamento em segredo por um longo tempo. As Sílfides são notoriamente reservadas, embora aparentem ser muito extrovertidas. O Fauno é, ainda, um pouco evasivo, no que diz respeito a relacionamentos, o que seria de se esperar de seu tipo.

Ah, sim, e se você quiser um exemplo do mundo das celebridades, que tal Tom Cruise e Katie Holmes?

Sílfide (*feminino*) + Vampiro (*masculino*)

A Sílfide se dá bem com muitas criaturas, mas não entende o Vampiro, de forma alguma. Ela o acha muito estranho. Ele perceberá a opinião dela imediatamente. Da mesma forma que o sorriso radiante dela revela sua cordialidade, sua carranca deixa claro quando não está bem-impressionada. Eles frequentam círculos sociais e ambientes profissionais diferentes, portanto, é pouco provável que se encontrem. Se acontecer, será necessária muita tolerância de ambas as partes para superar as impressões e os preconceitos iniciais e se conhecerem melhor. Mesmo assim, é provável que a bastante prática Sílfide e o exibido e excêntrico Vampiro não consigam formar um casal duradouro.

SÍLFIDE (*feminino*) + LOBISOMEM (*masculino*)

Embora sejam quase tão extremos quanto os Vampiros, os Lobisomens não o demonstram, a princípio. Eles dão a impressão de ser um pouco tímidos, desleixados, inteligentes e agradáveis. A Sílfide ficará intrigada com essa criatura, que pode lembrar seu pai, e o Lobisomem gostará da companhia dela. Esse tipo masculino costuma ser um pouco passivo em relação às criaturas que se envolvem com ele, sendo assim, se ela empregar os esforços, ele seguirá de acordo com a maré, achando-a engraçadinha e inteligente. Quando e se ele começar a revelar o lado toxicômano de sua personalidade, ela não ficará muito intimidada e poderá entendê-lo sem dificuldades. Às vezes, como acontece com um casal que conheci, ela pode até ajudá-lo a abandonar os vícios — isto é, se ele não a provocar. Se ele se dirigir a ela de maneira agressiva, ela pode abandoná-lo.

VAMPIRA (*feminino*) + CENTAURO (*masculino*)

Uma Vampira apaixonada por um Centauro? Na verdade, isso é muito comum. Embora ela costume usar sua criatividade na própria imagem, e não no trabalho, ambos têm um temperamento artístico. Ele é suficientemente forte para lidar com a natureza caprichosa dela. A misteriosa sexualidade da Vampira a torna uma musa perfeita para ele. Centauros costumam ser distraídos e preocupados demais com seu trabalho para serem muito ciumentos, mas as Vampiras podem trazer à tona esse traço da personalidade deles. Ela não se importa com um pouco de ciúme; na realidade, isso a faz se sentir estimada, contanto que não seja excessivo. Ele terá de manter seu ciúme sob controle, ou ela o abandonará.

Vampira (*feminino*) + Elfo das Árvores (*masculino*)

Os Elfos das Árvores não fazem julgamentos superficiais e, se acham a Vampira atraente, não a descartam por causa de seu estilo extremo. É possível que uma Vampira, por sua vez, se sinta atraída pelo Elfo das Árvores por causa de sua mente aberta e disposição para correr riscos. Ele não tentará mudá-la ou limitar seu estilo, e nenhum dos dois se sente particularmente ameaçado com a busca de atenção, em geral inofensiva, de membros do sexo oposto. Ambos são livres-pensadores e encontrarão muito material fascinante para explorar juntos. A vida sexual será rica e variada. O relacionamento deles costuma ter um componente místico, uma vez que o Elfo das Árvores está, por natureza, sempre empenhado em uma busca espiritual e a Vampira está aberta aos mistérios da vida e à procura de um companheiro para compartilhá-los. É provável que não se acalmem a ponto de assumir um estilo de vida convencional, mas, assim como a Vampira que conheci on-line e seu gentil namorado Elfo das Árvores, eles podem criar uma vida vibrante juntos.

Vampira (*feminino*) + Elfo Urbano (*masculino*)

De acordo com alguns Elfos Urbanos que entrevistei, a Vampira representa a fantasia secreta deles. Ela possui um erotismo perigoso que esse Elfo acha inebriante. Ela se excita com o poder sexual que pode exercer sobre ele, o que é suficiente para juntá-los, pelo menos. No entanto, o Elfo Urbano pode não ser capaz de valorizar a Vampira além de seu desempenho sexual. Por fim, ela desejará ser vista como mais do que o objeto de sua luxúria, mas ele raramente compartilhará sua vida cotidiana com ela, o que pode provocar tensão no relacionamento, a ponto de finalmente separá-los.

Vampira (*feminino*) + Elfo de Jardim (*masculino*)

Um Elfo de Jardim costuma se encantar por uma Vampira, mas ela pode não ser muito fácil de ser capturada. Ele, de fato, possui aquele ar pouco convencional do qual ela gosta, mas não o suficiente, e ela pode encarar seu relacionamento com ele como uma brincadeira. ("Não seria divertido namorar essa pequena criatura engraçadinha de echarpe?", ela pensará.) Se ela der uma chance ao relacionamento, no entanto, existe grande potencial. Ambos gostam de chamar a atenção, e com certeza farão exatamente isso quando saírem juntos. Por outro lado, ambos são muito tímidos e, consequentemente, podem compreender essa qualidade no outro. Eles passam muito tempo pensando na imagem que exibem, e têm tendências artísticas. Embora muitas outras criaturas achem esses tipos sexualmente atraentes, ambos são, na realidade, menos abertos sexualmente do que podem parecer. Algumas noites, podem valorizar dormir abraçadinhos e leitura em voz alta para o companheiro, em vez de sexo selvagem. Esse relacionamento é algo a ser explorado e pode ser encontrado com mais frequência no mundo do rock'n'roll, por que ambos gravitam em torno do encanto e do poder desse ambiente.

Vampira (*feminino*) + Espírito da Floresta (*masculino*)

Esse casal é realmente uma novidade para ambas as partes. Às vezes, a Vampira gosta de experimentar intimidade com uma variedade de criaturas caso as considere atraentes, e o Espírito da Floresta está, definitivamente, na lista dela. Ele responderá com entusiasmo aos avanços dela, e é possível que se divirtam bastante juntos. Eles podem não decidir levar o relacionamento adiante, a menos que um deles, ou ambos, esteja interessado em mudar um pouco seu tipo. Um Espírito da Floresta que se considera convencional demais pode desejar expandir seus horizontes tornando-se um Vampiro, mas isso costuma ser apenas uma fase influenciada por uma Vampira. Uma Vampira que esteja muito atraída por um Espírito da Floresta pode criar um relacionamento estável no papel de Fada da Noite. É mais provável que essa transformação seja duradoura, se comparada à primeira, e, às vezes, essa combinação pode acabar virando — como aconteceu com uma designer de moda Vampira que conheço e seu namorado, um ator Espírito da Floresta — um relacionamento bem-sucedido e duradouro.

Vampira (*feminino*) + Tritão (*masculino*)

O Tritão não fica intimidado ou chocado com a Vampira, mas também não tem certeza do que fazer com ela, que parece ter se desassociado tanto do mundo natural que ele não consegue realmente entendê-la. Ela, por sua vez, o considera um pouco enfadonho. Ambos compartilham um determinado anseio espiritual, mas este assume formas tão diferentes que eles podem não reconhecê-lo um no outro. No entanto, as tendências pagãs da Vampira não são muito diferentes da adoração pela água por parte do Tritão. Ela é mais conectada à natureza do que ele pode achar a princípio e ele é mais profundo e mais espiritual do que ela pode imaginar. Se conseguirem se unir em função desse interesse compartilhado, podem vir a construir algum tipo de relacionamento.

Vampira (*feminino*) + Gigante (*masculino*)

A Vampira não confia facilmente na maioria dos tipos, mas o Gigante é alguém com quem ela logo se sentirá à vontade. Ele continuará a conquistar a confiança dela, e o relacionamento deles florescerá. Ele verá na Vampira as melhores qualidades e não se sentirá ameaçado pelos aspectos mais sombrios da natureza dela. Ela pode conseguir resolver determinadas questões paternas pendentes que ele venha a possuir. No entanto, quanto ao romance, ela tende a ser atraída por tipos menos convencionais. Se o relacionamento se desenvolver nessa direção, como ocorreu com um casal que conheci, ele pode ficar irritado com a atenção que ela desperta naturalmente em outras criaturas masculinas. Esse será um desafio difícil para eles superarem.

Vampira (*feminino*) + Sátiro (*masculino*)

É provável que a Vampira e o Sátiro se encontrem, pois frequentam ambientes artísticos e de vanguarda. Também projetam uma vibração sexual forte que atrai um para o outro. O Sátiro achará que encontrou seu par, mas a Vampira é muito mais delicada do que parece. Ele não acha que é capaz de magoar uma criatura que parece estar em contato demais com o próprio lado sombrio e, provavelmente, tem pelo menos alguns piercings em lugares sensíveis. É claro que isso não tem relação alguma com a facilidade com que ela pode ser magoada. A Vampira se apaixonará por todas as brincadeiras do Sátiro e pode pensar que encontrou sua alma gêmea. Ela costuma ser mística como a Dríade e acredita nesse tipo de conexão. E, na realidade, não é impossível para um Sátiro se apaixonar, pelo resto da vida, por uma Vampira. Vi isso acontecer — e durar! A química sexual entre eles e sua capacidade de explorar destemidamente o lado sombrio pode ligá-los de modo profundo. É um risco que ela precisa correr.

Vampira (*feminino*) + Gnomo (*masculino*)

— Hum, não! — Um Gnomo pode pensar ao ver a Vampira pela primeira vez. Mesmo se secretamente considerá-la atraente, o Gnomo pode não conseguir compreender a necessidade dela de ostentar toda aquela arte corporal e maquiagem. Ela, por sua vez, não necessariamente apreciará o estilo convencional e o tom alto da voz dele. Ela não entenderá as piadas dele. Basicamente, esses dois, simplesmente, não foram feitos um para o outro, e a falta de interesse imediato deles é, sem dúvida, algo a ser respeitado, e não forçado.

Mas sempre há exceções: Sonny e Cher foram uma combinação Gnomo/Vampira feliz por muitos anos, pelo menos antes de eles se tornarem completamente solidificados em seus tipos. (Um Gnomo maduro nunca teria vestido aquelas calças e aquelas camisas cheias de babados!)

Vampira (*feminino*) + Fauno (*masculino*)

Ela parecerá ser alguém de quem ele não consegue se aproximar, que ficará igualmente intimidada por ele. Ambos são muito mais tímidos do que parecem, e também mais tolerantes. Eles precisarão de um bom cupido até mesmo para entabular uma conversa, e a maioria dos sabe-tudo da floresta, provavelmente, não enxergará grande potencial aí. Se esses dois tipos se unirem — conheço um exemplo —, a Vampira é capaz de despertar as paixões latentes do Fauno, e o Fauno a mantém calma. Esse é um casal raro, mas viável.

CASAIS MITOLÓGICOS

VAMPIRA (*feminino*) + **VAMPIRO** (*masculino*)

Esse é um casal feito um para o outro. É provável que logo sintam forte vínculo e se envolvam sexualmente quase que de imediato. Podem compartilhar o gosto por muitas atividades similares, e ambos adoram a impressão que causam quando entram em um ambiente. Ambos são peritos em criar mitos em torno de si. Muitos tipos femininos podem se transformar em uma Vampira quando sob o encanto de um Vampiro, embora, na maioria das vezes, seja menos provável que os tipos masculinos façam uma transformação semelhante para a Vampira deles. Isso se deve, em parte, ao fato de ela tender a ser mais tolerante com a diversidade do que o Vampiro. No entanto, ela, definitivamente, aprecia as qualidades do próprio tipo, e esses dois podem compor um casal bastante intrigante. As brigas deles podem se tornar agressivas, no entanto, e o vínculo pode ser rompido por causa desses acessos de raiva.

O casamento de Marilyn Manson e Dita Von Teese foi um exemplo desse tipo de casal. Tim Burton e Helena Bonham Carter são um exemplo mais duradouro. O artista Salvador Dalí, que é conhecido por suas imagens chocantes e personalidade exibicionista, e sua igualmente provocadora mulher/musa, Gala, são um casal clássico nessa categoria.

VAMPIRA (*feminino*) + **LOBISOMEM** (*masculino*)

O Lobisomem é um par ainda melhor para a Vampira do que o Vampiro, pelo menos no início. Embora compartilhem uma estética e sensibilidade semelhantes, o Lobisomem pode ser mais carinhoso do que o Vampiro, até mesmo quando ébrio e, provavelmente, não agredirá terceiros, mas aliviará seu estresse agredindo a si. A Vampira pode ser muito amorosa nessas situações e, ocasionalmente, é capaz de ajudá-lo a se controlar. Esse nem sempre é o caso, no entanto. Às vezes, essa combinação pode ser perigosa para o Lobisomem. A natureza sedutora da Vampira pode levá-lo a práticas autodestrutivas.

Mulher Lobisomem (*feminino*) + Centauro (*masculino*)

As Mulheres Lobisomem costumam ser muito criativas, assim como seus equivalentes masculinos, os Lobisomens, e elas serão muito atraídas por esse aspecto do Centauro. Ele, por sua vez, apreciará o sedutor jeito dela e não temerá seu olhar, por vezes selvagem. Esse casal pode dar certo porque ambos são capazes de se ocupar com atividades fora do relacionamento. Enquanto ele se dedica ao trabalho que ela admira, ela estará se socializando. Problemas surgem quando ela leva esse aspecto de sua vida longe demais. Ambos precisarão dar prioridade máxima ao relacionamento para que ele perdure, e essa não é a tarefa mais fácil para esses dois habitantes da floresta, sobretudo se forem jovens e famosos como o Centauro Johnny Depp e a Mulher Lobisomem Winona Ryder.

Mulher Lobisomem (*feminino*) + Elfo das Árvores (*masculino*)

O compreensivo Elfo das Árvores terá muita paciência até mesmo com uma rebelde Mulher Lobisomem. A Mulher Lobisomem, com sua curiosidade natural sobre muitas coisas, vai gostar de aprender sobre artes terapêuticas, nutrição e espiritualidade com ele. Eles podem se divertir juntos, apreciando programas ao ar livre e conversando sobre seus sentimentos. Se a Mulher Lobisomem sucumbir à tentação, o Elfo das Árvores será um dos tipos mais bem-qualificados para ajudá-la a superar essa fase. Esse é o caso de um quiroprático Elfo das Árvores e de uma fotógrafa Mulher Lobisomem que conheço. Eles construíram um poderoso e amoroso relacionamento que, provavelmente, vai perdurar.

Mulher Lobisomem (*feminino*) + Elfo Urbano (*masculino*)

Um Elfo Urbano sensível que conheço está à mercê de sua Mulher Lobisomem. Ele tenta não demonstrar isso, mas ela percebe direitinho. Ela consegue acompanhá-lo intelectualmente tanto quanto uma Elfa Urbana, e atraí-lo sexualmente como uma Ninfa da Floresta — e ele gosta do quebra-cabeça misterioso que ela lhe apresenta. "Quem é ela e como ficou assim?", ele se pergunta. Por outro lado, ela é capaz de compreendê-lo imediatamente, uma vez que as Mulheres Lobisomem são bastante intuitivas.

Mulheres Lobisomem podem brincar com Elfos Urbanos por algum tempo, e algumas podem até mesmo se apaixonar de verdade pela inteligência do Elfo Urbano e pela sua resistência na cama. Contudo, ele não costuma ser muito apaixonado, como ela gostaria. Ela gosta de sentir como se tivesse envolvido a criatura toda — não apenas seu corpo e intelecto, mas também sua alma. Ele não será muito tolerante com quaisquer vícios que ela possa ter. Os Elfos Urbanos não costumam ser os tipos mais compassivos quando estão na defensiva. Esses dois enfrentarão muitos desafios se decidirem tentar se relacionar.

MULHER LOBISOMEM (*feminino*) + ELFO DE JARDIM (*masculino*)

O Elfo de Jardim pode aceitar e, em última análise, lidar com as travessuras da Mulher Lobisomem, e ela o respeita por isso. Essas duas criaturas podem constituir uma força imponente quando juntas. Ninguém está a salvo de suas percepções intuitivas e, frequentemente, críticas. Eles se divertem muito quando saem juntos, fofocam, bebem, dançam e encontram vários tipos de criaturas. Se brotar um romance entre esses dois, eles têm potencial para estabelecer um vínculo duradouro e sempre interessante. Conheço uma Mulher Lobisomem que testava seu Elfo de Jardim constantemente com flertes, explosões emocionais e noitadas frenéticas. Ele era tão dedicado a ela que tolerava tudo. O prazer que obtinha com o encanto dela era maior do que os problemas. Embora ela tenha ultrapassado os limites várias vezes, causando uma separação temporária, eles sempre encontraram o caminho de volta um para o outro.

Mulher Lobisomem (*feminino*) + Espírito da Floresta (*masculino*)

As Mulheres Lobisomem, em geral, não gravitam em torno do Espírito da Floresta. Ela, provavelmente, fará um julgamento precipitado com base na aparência convencional e no jeito alegre dele, e concluirá que ele não é bastante complexo para ela. Ele pode achá-la atraente, mas, como sempre, aguardará que ela dê o primeiro passo. Se ela não tomar a iniciativa, esses dois, provavelmente, não se conectarão. Os Espíritos da Floresta estão instintivamente procurando uma criatura feminina para formar uma família, e a Mulher Lobisomem é um pouco instável como mãe, a menos que lide com algumas das questões ocultas que possui. Se acontecer de esses dois ficarem juntos para uma rapidinha descompromissada, provavelmente se divertirão e não sofrerão quaisquer consequências adversas.

Mulher Lobisomem (*feminino*) + Tritão (*masculino*)

Os Tritões nutrem eterna desconfiança em relação às Mulheres Lobisomem. Essas criaturas masculinas gentis e despreocupadas não têm problemas com a paixão e os comportamentos desvairados porque isso os lembra a natureza, mas eles desconfiam da instabilidade emocional. A Mulher Lobisomem pode desprezar o Tritão por este não ser profundo ou inteligente o suficiente para ela. Pode haver uma atração física, mas, provavelmente, não durará. Não é o caso de um casal que conheço; a influência do Tritão transformou a Mulher Lobisomem em uma Dríade, e eles são muitos felizes juntos.

MULHER LOBISOMEM (*feminino*) + GIGANTE (*masculino*)

O vínculo entre uma Mulher Lobisomem e um Gigante é similar ao relacionamento dela com um Elfo Urbano. O Gigante ficará fascinado com o charme e mistério dela, e desejará compreender suas motivações. A Mulher Lobisomem gosta da atenção dele e a explora ao máximo. No entanto, será menos provável que ela se apaixone por ele do que por um Elfo Urbano. A vulnerabilidade do Gigante pode deixá-la desconfiada e até mesmo trazer à tona um lado cruel. Ele deveria tomar muito cuidado ao lidar com esse tipo. Os melhores exemplos que encontrei desse casal são platônicos e envolvem o Gigante fazendo o papel de mentor e benfeitor da Mulher Lobisomem.

MULHER LOBISOMEM (*feminino*) + SÁTIRO (*masculino*)

Esses dois podem, praticamente, sentir o cheiro um do outro do outro lado de um salão lotado. A atração entre eles será imediata. Eles certamente desfrutarão de um sexo excelente e de muitos outros prazeres sexuais juntos. Eles também compartilham determinado desejo voraz que nem todo tipo consegue compreender. A paixão deles é tanto emocional quanto física. Não é fácil sustentar esse nível de intensidade, no entanto, e a Mulher Lobisomem no final das contas deseja um companheiro um pouco mais estável para lhe oferecer a segurança que deseja. A Mulher Lobisomem é um dos poucos tipos que tem o poder de realmente dobrar um Sátiro, e ele pode sentir isso em seus ossos quando se encontrarem, o que não o desencorajará: ele ficará atraído demais por ela para resistir, pois sempre gosta de um desafio, de qualquer forma.

As revistas de fofoca estão repletas de fotografias de selvagens Mulheres Lobisomem e Sátiros em plena noitada. Quantos desses relacionamentos duram além da próxima manchete é outra história.

Mulher Lobisomem (*feminino*) + Gnomo (*masculino*)

Apesar de seu jeito convencional, o Gnomo frequentemente gosta de pensar de forma pouco convencional. Por essa razão, a Mulher Lobisomem pode achá-lo atraente, e ele ficará intrigado por ela. Um Gnomo mais velho pode ser um mentor para uma jovem Mulher Lobisomem e pode ajudá-la na carreira, e é provável que esse relacionamento se torne físico, por ocorrer uma química natural entre os dois. A Mulher Lobisomem não fica muito impressionada com riquezas materiais, mas acha o poder extremamente fascinante. O Gnomo maduro pode ser capaz de suportar alguns dos comportamentos instáveis dela em troca do prazer de sua companhia, e talvez a ajude em épocas difíceis. Eles podem estabelecer um relacionamento duradouro, embora seja pouco provável que formem uma família. Um casal desse tipo que conheço passa seu tempo livre explorando o mundo em vez de sossegar em uma casa no subúrbio. Ele tem os recursos; ela, o espírito aventureiro. Ela o incentiva a correr riscos, e ele aprecia isso.

Mulher Lobisomem (*feminino*) + Fauno (*masculino*)

As Mulheres Lobisomem baseiam grande parte de suas interações na atração sexual, logo, elas podem ficar frustradas com o Fauno. Ele não é tão suscetível às técnicas de sedução dela como outros tipos costumam ser, e ela pode ficar impaciente com ele. Os Faunos são um pouco ingênuos, mas instintivos em relação a tipos que podem potencialmente ameaçar seu mundo protegido, então eles, geralmente, evitam a Mulher Lobisomem desde o início.

Você não verá muitas interações entre esses dois habitantes da floresta. No entanto, é possível que ela o seduza com seu lado mais terno caso esteja determinada a fazê-lo. Ela pode validar sua atração sexual através de outras criaturas, deixando assim de pressioná-lo a fazê-lo da maneira como outro tipo poderia insistir. Ambos podem ter um relacionamento agradável, embora um pouco insosso, a menos que ela permita que sua tendência ao vício prevaleça ou fique entediada e decida buscar um novo companheiro.

Tenho dois amigos que se encaixam nessa categoria e conseguem salientar o melhor um no outro. Ela o encoraja a ser firme, por que os Faunos tendem a ser um pouco passivos; e ele a tranquiliza com seu temperamento, normalmente plácido.

Mulher Lobisomem (*feminino*) + Vampiro (*masculino*)

Esses dois têm uma atração quase instantânea, mas, em última análise, carregada de tensão. De acordo com a tradição, Mulheres Lobisomem e Vampiros são inimigos natos, mas esse não é necessariamente o caso, e eles de fato têm semelhanças. Ambos desenvolveram aspectos próprios para se protegerem de uma sensação de isolamento social. Eles, com frequência apreciam os gostos um do outro por música, moda e arte, embora possam ser diferentes. Ambos são pouco convencionais, sensuais e desinibidos. Nenhum se sente ameaçado pelo lado sombrio do outro. Os problemas surgem quando a Mulher Lobisomem busca a proteção do Vampiro. É muito difícil para ela viver sem a proteção de um companheiro por muito tempo, mas não é algo que ele saiba oferecer facilmente, e isso pode se transformar em um ponto contencioso importante entre os dois. Se ele não conseguir desenvolver seu lado protetor, ela, provavelmente, procurará outro. No entanto, a Mulher Lobisomem pode ser uma musa perfeita para um Vampiro, conforme evidenciado por Tim Burton e Winona Ryder.

MULHER LOBISOMEM (*feminino*) + LOBISOMEM (*masculino*)

Esses dois desejam fugir juntos quando se encontram. Eles reconhecem o olhar selvagem e se imaginam destroçando-se um ao outro — de uma forma positiva. O namoro deles será emocionante e repleto de aventuras. A vida sexual será passional, porém carinhosa. Eles nunca se sentirão sozinhos na presença do outro.

No entanto, ambos poderiam se beneficiar de um companheiro um pouco mais estável. Se os dois derem vazão, ao mesmo tempo, a seus instintos mais sombrios, o resultado pode ser turbulento. Eles terão de tentar apoiar um ao outro amorosamente nos momentos difíceis, e se superarem esses momentos (como um casal extremamente sexy que conheço), uma vida feliz espera por eles. Lembrem-se, os lobos se casam para a vida toda!

Casais Homoafetivos

Eu gostaria de ser capaz de unir todos os casais homoafetivos aqui, mas isso exigiria escrever outro livro! No entanto, casais homoafetivos podem se referir aos pares mencionados antes, mudando o gênero de um ou de ambos os tipos em alguns casos.

Duas Fadas podem ter uma dinâmica semelhante à da Fada com o Elfo de Jardim e duas Duendes podem ter um relacionamento bastante semelhante ao descrito em Duende/Espírito da Floresta. Dois Gnomos são parecidos com um Gnomo e uma Gnoma, na forma como se conectam. Um par de Lobisomens e um par de Vampiros podem verificar as combinações Mulher Lobisomem/Lobisomem e Vampira/Vampiro, respectivamente, para ter uma ideia geral de como eles combinam. Há alguns casais homoafetivos que valem ser mencionados, por diferirem muito na dinâmica em comparação aos pares heterossexuais, ou por ainda não terem sido explorados, uma vez que envolvem dois do mesmo tipo.

CASAIS HOMOAFETIVOS MASCULINOS

Elfo Urbano (*masculino*) + Elfo Urbano (*masculino*)

Essa combinação pode perdurar, mas raramente gera grande paixão. Os Elfos Urbanos tranquilos apreciarão a inteligência, a sofisticação, o bom gosto e o comportamento contido um do outro, mas será difícil para eles se abrirem emocional ou sexualmente. Ambos se dão melhor romanticamente com um tipo de criatura mais contrastante; no entanto, eles ainda podem apreciar um relacionamento duradouro caso estejam dispostos a aceitar infidelidades ocasionais.

Elfo Urbano (*masculino*) + Elfo de Jardim (*masculino*)

O Elfo de Jardim provoca o Elfo Urbano impiedosamente, mas de uma forma suave, tentando reduzir a introversão dele. O Elfo Urbano reclamará, mas, no final das contas, achará o Elfo de Jardim bem encantador. Esse casal pode dar certo porque ambos são românticos, embora um pouco distantes, então, eles se divertirão, e não haverá grandes mágoas se tudo acabar.

Elfo de Jardim (*masculino*) + Elfo de Jardim (*masculino*)

É muito provável que esses dois fiquem juntos por um longo tempo, talvez para sempre. Eles compreendem um ao outro tão bem que essa relação pode parecer sobrenatural. Eles são grandes amigos e também amantes extremamente compatíveis. Suas brigas podem ser frequentes e barulhentas, mas eles sempre acabam resolvendo-as e fazendo sexo prazeroso para reatar. Às vezes, a sexualidade pode desaparecer do relacionamento deles, mas o companheirismo carinhoso perdurará. Eles sabem como construir uma vida linda juntos e, provavelmente, terão uma casa impecável e um jardim bem-cuidado, onde entretêm os amigos e criam vários animais.

Elfo de Jardim (*masculino*) + Espírito da Floresta (*masculino*)

Os Elfos de Jardim gostam da força masculina do Espírito da Floresta e terão prazer em tentar caçar um tipo desses. Um Espírito da Floresta que está um pouco inseguro sobre sua orientação sexual pode gostar da atitude assertiva do Elfo de Jardim no que se refere ao relacionamento e embarcar alegremente nessa jornada.

Elfo de Jardim (*masculino*) + Gigante (*masculino*)

Da mesma forma que os Gigantes heterossexuais podem se dedicar completamente à captura e aos cuidados de uma Fada, os Gigantes homossexuais podem se concentrar em Elfos de Jardim. O Gigante aprecia profundamente a aparência elegante, a personalidade sensível e o espírito atraente pouco convencional do Elfo de Jardim. Este gosta do quanto o Gigante pode ser protetor e atencioso, embora, às vezes, possa se sentir sufocado. Para fazer esse relacionamento durar os Gigantes precisam dar a mesma proteção e atenção às próprias necessidades.

Elfo de Jardim (*masculino*) + Sátiro (*masculino*)

Elfos de Jardim devem tomar cuidado com Sátiros. Por mais descolado que o Elfo de Jardim possa parecer, ele também é bastante sensível, e não deveria se expor ao desafio de conquistar um

Sátiro, a menos que seja capaz de aceitar um encontro divertido de uma noite apenas e nada mais.

Elfo de Jardim (*masculino*) + Gnomo (*masculino*)

Os Elfos de Jardim amam a boa vida e podem depender de um Gnomo generoso para lhes proporcioná-la. O Gnomo pode ser particularmente vulnerável aos encantos do Elfo de Jardim; por isso, se ele estiver disposto a começar um relacionamento emocional, precisa ter certeza de que o Elfo fará um investimento semelhante. No entanto, diferentemente de outros tipos, os Gnomos também conseguem apreciar a companhia do Elfo de Jardim, apesar da ausência de conexão profunda. O Gnomo é astuto nos negócios e o Elfo de Jardim tem criatividade e estilo; logo, eles podem alcançar bastante sucesso em um empreendimento comercial. Essa sociedade pode ser mais duradoura do que o relacionamento romântico entre eles.

Elfo de Jardim (*masculino*) + Fauno (*masculino*)

O Elfo de Jardim estimulará alegremente o Fauno a aceitar sua sexualidade. Nem todo tipo pode incitar o surgimento dessa faceta do Fauno, mas o Elfo de Jardim é um perito. O Fauno ficará grato, mas também um pouco ansioso em relação a essa novidade, pois tende a ser muito reprimido. Se puder se deixar levar pelos acontecimentos, ele se beneficiará da atenção desse talentoso e romântico parceiro sexual.

Esses dois podem não ter tanto sucesso fora da cama. A língua afiada do Elfo de Jardim e a postura teimosa do Fauno podem gerar conflitos. Ambos terão de melhorar a comunicação entre si para levar o relacionamento adiante. As habilidades do Fauno nessa área não são muito desenvolvidas, então, dependerá do Elfo de Jardim mantê-los juntos se ele não se envolver com um companheiro mais flexível e disponível.

Espírito da Floresta (*masculino*) + Espírito da Floresta (*masculino*)

Por não serem caçadores naturais, será difícil para esses dois dar o primeiro passo para ficarem juntos. Ambos estão acostumados a ser abordados por outros tipos, então, podem perder a oportunidade de se conectar. O que provavelmente os unirá é o desejo mútuo de criar pequenos seres. Eles podem ser pais dedicados e ainda encontrar tempo para cuidar do relacionamento. Ambos também manterão muitas amizades com criaturas femininas, que podem estar envolvidas no processo de criação e educação de crianças.

Meus amigos Espíritos da Floresta têm o tipo de vida familiar que qualquer casal heterossexual invejaria. São pais excelentes e mantêm o romance vivo com noites de namoro regulares e muita comunicação.

Espírito da Floresta (*masculino*) + Tritão (*masculino*)

Essa combinação, bem masculina, pode gostar das agruras do mundo ao ar livre e de uma sexualidade divertida e vigorosa, porém delicada. Imagine um caubói e um surfista apaixonados e você saberá do que se trata.

Gigante (*masculino*) + Gigante (*masculino*)

Dois Gigantes podem construir um relacionamento duradouro. Eles cuidarão um do outro igualmente e terão muitos interesses em comum, desde colecionar objetos bonitos a literatura esotérica. Eles talvez não tenham uma conexão sexual muito intensa, mas podem compensar a falta de paixão com carinho e estabilidade — duas importantes qualidades para ambos.

Sátiro (*masculino*) + Sátiro (*masculino*)

O que posso dizer? O sexo será excelente. As brigas serão igualmente épicas. A maioria dos Sátiros gays não conseguirá resistir à oportunidade de tentar essa combinação volátil pelo menos uma vez na vida. É improvável que dure mais do que alguns encontros sexuais, mas, vez ou outra, dois Sátiros maduros podem fazer um relacionamento funcionar por certo tempo, sobretudo se permitirem "flexibilidade" (leia parceiros múltiplos) em seu relacionamento.

Tenho um casal de amigos Sátiros musculosos e tatuados que têm um relacionamento muito apaixonado e romântico. No aniversário de um deles, o outro colocou uma venda em seus olhos e o levou para uma sala de tatuagem para fazer um tigre no peito. Em seguida, voltaram para casa e tiveram o tipo de noite que ambos mais tarde descreveram com olhos arregalados e gemidos excitados.

Infelizmente, ambos são muito teimosos e discutem constantemente. Espero que aqueles momentos mágicos sejam mais importantes para eles.

Sátiro (*masculino*) + Gnomo (*masculino*)

Os Gnomos costumam saber lidar com o Sátiro melhor do que outros tipos. Por serem observadores perspicazes do mundo das criaturas, os Gnomos reconhecem as características dos Sátiros imediatamente e não esperam mais do Sátiro do que o que ele tem para oferecer. Os Sátiros odeiam expectativas e se sentem bastante livres perto do Gnomo. O Sátiro costuma ser muito astuto, do jeito dele, e esses tipos respeitam um ao outro. Eles podem ter um relacionamento sexual vigoroso e duradouro, embora talvez não exclusivo, e nenhum dos dois pressionará o outro para tornar o relacionamento mais sério.

Gnomo (*masculino*) + Gnomo (*masculino*)

Esses dois podem ter uma vida boa juntos — excelentes empregos, casa linda, carros bonitos, amigos interessantes, talvez um bicho de estimação pequeno e bem-cuidado. Podem não ter um relacionamento sexual dos mais ardentes, sobretudo após alguns anos juntos, mas são bons em sublimar a paixão romântica em suas carreiras, portanto, não necessariamente sentirão remorso por isso.

GNOMO (*masculino*) + FAUNO (*masculino*)

Gnomos e Faunos constituem uma combinação muito boa. A autoafirmação do Gnomo é um bom contrapeso para as tendências pouco assertivas do Fauno. O Gnomo perseguirá o Fauno e o receberá com prazer em sua vida. Em termos de sexo, ele também costuma ser o caçador. O Fauno pode assumir um papel mimado nesse relacionamento, mas também dar muito apoio a seu Gnomo. Por serem ambos bastante sensíveis, esses dois tipos estarão atentos às vulnerabilidades um do outro. Claro, ambos também são muito teimosos e podem querer impor suas vontades, mas o comunicativo Gnomo, geralmente, saberá como resolver esses impasses após se acalmar.

FAUNO (*masculino*) + FAUNO (*masculino*)

Esses dois podem ser parecidos demais para gerar muita tensão sexual, mas certamente serão bons companheiros. Eles vão gostar, particularmente, de assistir a esportes e praticá-los juntos. Também serão capazes de discutir sobre filmes e livros e de compartilhar refeições simples, de boa qualidade e pouco calóricas.

Podem passar um longo tempo como bons amigos se um deles, ou ambos, não aceitar completamente sua atração por outras criaturas masculinas. Pode ser difícil para eles passarem para o estágio seguinte do relacionamento, a menos que um deles persevere, algo que não é muito natural para os Faunos. Se isso acontecer, pode ser recompensador para ambos.

Vampiro (*masculino*) + Lobisomem (*masculino*)

Esses tipos intensos podem ter um relacionamento turbulento, com o Vampiro dominando. Essa é uma das combinações mais excêntricas e raras, uma vez que, de acordo com as tradições, esses tipos, sobretudo as versões masculinas, são inimigos natos. Se eles se unirem, poderá haver, de modo surpreendente, muita paixão e também agressão.

CASAIS HOMOAFETIVOS FEMININOS

Ninfa da Floresta (*feminino*) + Dríade (*feminino*)

A Ninfa da Floresta e a Dríade podem fazer tudo funcionar às mil maravilhas, mas não são o casal mais compatível, do ponto de vista sexual. Ambos os tipos gostam de cuidar e serem cuidados, sobretudo nessa ordem, mas também, por isso, podem ficar um pouco impacientes com o jeito atencioso da companheira. A Ninfa da Floresta, em especial, busca desafios, mesmo que de maneira às vezes inconsciente. Essas duas criaturas intuitivas podem pressentir problemas e evitar uma à outra, apesar da atração física imediata.

Ninfa da Floresta (*feminino*) + Elfa Urbana (*feminino*)

O jeito feminino e frágil da Elfa Urbana intrigará a Ninfa da Floresta, que ficará atraída pela Elfa da mesma forma que uma Ninfa da Floresta heterossexual ficaria por um Elfo Urbano. No entanto, a delicadeza oculta da Elfa Urbana é mais desenvolvida do que a de seu correspondente masculino. A Ninfa da Floresta se divertirá incentivando a manifestação dessa doçura em sua companheira. Essas duas podem formar uma união bem duradoura.

Ninfa da Floresta (*feminino*) + Fada Uivante (*feminino*)

Os momentos delicados serão profundos; o sexo será ardente; as brigas serão pontuadas por gritos agudos. Existe tanto estrogênio nessa combinação que pode ser difícil fazê-la durar. Porém, a poesia e as músicas criadas posteriormente podem fazer qualquer desgosto valer a pena.

Elfa Urbana (*feminino*) + Elfa Urbana (*feminino*)

Outros casais talvez invejem a forma como essas duas Elfas se relacionam. Elas têm todos os interesses em comum, e seus estilos são tão semelhantes que elas, provavelmente, dividem até as roupas. Duas Elfas Urbanas ressaltarão os aspectos domésticos da personalidade de cada uma, mais do que qualquer outro tipo. O ambiente doméstico criado por ambas é acolhedor e adorável, cheio de livros e objetos interessantes. A comida que servem e consomem é nutritiva e deliciosa, diferente dos doces e cafés que elas talvez saboreassem na maioria das refeições caso morassem sozinhas. Elas cuidam uma da outra da mesma forma e garantem profunda sensação de segurança uma à outra. A vida sexual delas é amorosa, fiel e expressiva. Embora possam ser tímidas ou reservadas com outros tipos, quando estão juntas expressam seus eus mais apaixonados e mais francos.

Conheço um casal que se encaixa perfeitamente na descrição acima — o que me faz desejar ser tão sexualmente atraída por Elfas Urbanas quanto sou por Sátiros (e que elas fossem atraídas por mim).

Elfa Urbana (*feminino*) + Gnoma (*feminino*)

É muito provável que essas criaturas inteligentes e espirituosas fiquem juntas por um longo período. Cada uma sentirá que finalmente encontrou seu par intelectual, e elas compreenderão a sensibilidade oculta uma da outra. A Gnoma, mais agressiva, pode ajudar a um tanto tímida Elfa Urbana a se tornar menos introvertida e, quando ela de fato emergir, revelará níveis inesperados de sensualidade que inspirarão ainda mais a Gnoma.

Elfa Urbana (*feminino*) + Sílfide (*feminino*)

Essa é uma combinação muito viável. Essas duas criaturas são muito práticas e inteligentes, e terão muito para conversar e viver juntas. A Elfa Urbana é um pouco menos inconstante, e embora pareça séria, saberá alegrar a às vezes mal-humorada Sílfide melhor do que quase qualquer outro tipo.

Fada (*feminino*) + Duende (*feminino*)

Essas duas podem encantar as pessoas com seu carisma. A extrovertida Duende estará no controle, mas a Fada também aprecia certa atenção. No entanto, elas podem não ficar juntas por muito tempo, depois que o relacionamento deixar de ser uma novidade. Simplesmente, não há tensão suficiente para mantê-las envolvidas.

Fada (*feminino*) + Gnoma (*feminino*)

A Gnoma e a Fada são tão adequadas uma para a outra quanto o Gnomo e a Fada. A Gnoma cuida dos negócios e a Fada, do prazer. Elas trabalham e se divertem bem juntas. A Gnoma faz a Fada rir e se certifica de que ela está bem-cuidada; a Fada oferece à Gnoma uma sensação de segurança e orgulho.

As mesmas questões que afetam o Gnomo e a Fada ameaçarão este casal. A Fada pode ficar agitada, mas se sentir incapaz de comunicar essa sensação, e a Gnoma pode ficar ressentida. Elas terão de trabalhar arduamente para continuar juntas, caso isso aconteça. A Gnoma Ellen DeGeneres e a Fada Anne Heche se separaram após cerca de três anos juntas.

Fada (*feminino*) + Sílfide (*feminino*)

A muito feminina Fada ficará seduzida pela atraente e masculinizada Sílfide e vice-versa. Elas se complementam bem e ressaltam as características mais sensuais uma da outra. Problemas surgem quando a bastante nervosa Fada fica ofendida com algum comentário espontâneo feito por sua Sílfide. A raiva da Fada é inesperadamente sarcástica e pode, por sua vez, fazer a Sílfide reagir. Essas duas podem se hostilizar por longos períodos e talvez nunca se perdoarem completamente.

Fada (*feminino*) + Vampira (*feminino*)

Vampiras adoram Fadas e ficarão especialmente atraídas pelo lado luminoso da personalidade delas. As Fadas têm sua parcela de obscuridade, portanto, compreenderão a Vampira melhor do que muitos outros tipos. Isto pode, às vezes, ser uma combinação perfeita para uma Vampira sensível e romântica que esteja buscando o delicado, mas, ao mesmo tempo, forte amor de sua vida.

Sereia (*feminino*) + Gnoma (*feminino*)

Sereias precisam de mais atenção do que Fadas, mas também sabem expressar melhor suas necessidades diretamente. A Gnoma conseguirá satisfazer as necessidades da Sereia com mais facilidade do que as da Fada, reduzindo assim a probabilidade de a Sereia procurar outras criaturas. Ellen DeGeneres e Portia de Rossi são um exemplo de dupla Gnoma/Sereia casada e feliz.

Sereia (*feminino*) + Sílfide (*feminino*)

Sereias que podem não ter vivido relacionamentos com pessoas do mesmo sexo ficarão mais à vontade começando essa exploração com a ajuda de uma Sílfide. A Sílfide é bonita e feminina a ponto de parecer familiar; no entanto, possui a dose certa de masculinidade para proporcionar a tensão e a novidade que as Sereias buscam. A Sílfide, provavelmente, iniciará esse relacionamento. Ela terá verdadeira adoração pela Sereia e, claro, as Sereias adoram isso. A Sílfide se sentirá especial apenas por estar na presença da Sereia. No entanto, problemas podem surgir se a Sereia for atraída por outra criatura, mesmo que momentaneamente. A reação da Sílfide — às vezes vingativa — não será boa, e ela poderá partir para o ataque antes de partir para sempre.

GIGANTA (*feminino*) + GIGANTA (*feminino*)

A segurança e a estabilidade que esse casal oferece, uma à outra, é rara. Bem poucos tipos podem estabelecer um ambiente doméstico tão acolhedor. O problema é que as Gigantas não conseguem criar tensão suficiente para construir um relacionamento muito romântico. As Gigantas tendem a gostar de ter alguém para cuidar, mas ficam menos à vontade recebendo amor. Se puderem se revezar dando e recebendo, esses dois tipos podem ser capazes de manter a chama acesa.

FADA UIVANTE (*feminino*) + MULHER LOBISOMEM (*feminino*)

Esse é um casal muito sensual. Elas mal conseguem parar de se agarrar, no entanto, a conexão é mais profunda do que isso. A Fada Uivante pode ajudar a Mulher Lobisomem a se manter saudável, ensinando-a a expressar seus sentimentos direta e criativamente em vez de partir para a ação. O charme da Mulher Lobisomem desabrocha magnificamente na presença da Fada Uivante, por quem ela é muito atraída e a quem admira muito. Uma certa atriz famosa e sua amiga, que se diz DJ, pode ser essa combinação.

SÍLFIDE (*feminino*) + SÍLFIDE (*feminino*)

Essa combinação corriqueira tem os benefícios e as fraquezas opostos aos que as Ninfas da Floresta e as Fadas Uivantes experimentam. Os momentos delicados serão menos frequentes; o sexo terá importância secundária e não haverá muitas brigas acirradas. O lado positivo: essas duas talvez fiquem juntas por um longo tempo, ou até mesmo para sempre.

VAMPIRA (*feminino*) + MULHER LOBISOMEM (*feminino*)

A Vampira, com sua atração por tudo que é obscuro e perigoso, perceberá a dor oculta da Mulher Lobisomem e ficará loucamente atraída por ela. A Mulher Lobisomem pode, por sua vez, se sentir atraída pelo encanto e pela atração exterior da Vampira, que esconde uma alma sensível. Essa combinação adorável é mais difícil para a Vampira, que pode acabar se sentindo traída pela instabilidade da Mulher Lobisomem. As Vampiras deveriam prosseguir com cautela. Uma das minhas amigas Vampiras teve grande decepção amorosa com uma Mulher Lobisomem.

Astro[mito]logia

Muitas vezes, embora nem sempre, os tipos costumam nascer sob os mesmos signos astrológicos. Se o seu não combinar, verifique seu ascendente e a lua!

ÁRIES
Espíritos da Floresta, Duendes

TOURO
Fadas, Sílfides, Gnomos, Gnomas

GÊMEOS
Faunos, Lobisomens, Mulheres Lobisomem

CÂNCER
Elfos Urbanos (masculino e feminino)

LEÃO
Sereias, Espíritos da Floresta, Duendes

VIRGEM
Gigantes, Gigantas, Gnomos, Gnomas

LIBRA
Gigantes, Fadas, Elfos de Jardim, Duendes

ESCORPIÃO
Sátiros, Fadas Uivantes, Lobisomens, Mulheres Lobisomem, Vampiros, Vampiras

SAGITÁRIO
Ninfas da Floresta, Centauros, Lobisomens

CAPRICÓRNIO
Sílfides, Elfas Urbanas, Faunos

AQUÁRIO
Elfos das Árvores, Dríades, Faunos

PEIXES
Elfos das Árvores, Dríades, Sereias, Tritões

Além dos signos em que você pode se encaixar, existem determinados signos que regem os diferentes tipos. Isso não significa que, se você é desse signo, será necessariamente desse tipo; trata-se, simplesmente, do fato de as características icônicas do signo se relacionarem ao tipo de alguma forma.

ÁRIES, o bebê encantadoramente egocêntrico da astrologia é o signo que rege Duendes e Espíritos da Floresta.

Touro rege Gnomas e Gnomos obstinados.

Gêmeos rege Lobisomens e Mulheres Lobisomem, que possuem duas personalidades distintas.

Câncer, o caranguejo sensível, rege Elfos Urbanos e Elfas Urbanas, que parecem usar uma carapaça dura (observe os óculos com armação de casco de tartaruga), que esconde uma alma delicada.

Leão, o poderoso leão rege Sílfides e Sátiros, embora a maioria das Fadas Uivantes e dos Sátiros estranhamente não tenha nascido de fato sob esse signo.

Virgem, a virgem bastante reservada rege os tipos Gigantas e Gigantes.

Libra, regido na astrologia pelo planeta Vênus em toda a sua beleza, por sua vez, rege a atraente e bastante feminina Fada e o Elfo das Árvores.

Escorpião, signo do sexo e da morte, rege a Vampira e o Vampiro, e eles têm orgulho disso. Podem até mesmo mentir e dizer que nasceram sob Escorpião para causar a impressão certa.

Sagitário, o arqueiro centauro rege o Centauro, por motivos óbvios, assim como a criativa e ambiciosa Ninfa da Floresta.

Capricórnio, o signo do bode, rege a Sílfide e o inesperadamente forte e teimoso Fauno.

Aquário, o carregador de água, rege os livres-pensadores Dríades e Elfos das Árvores.

Peixes rege a Sereia e o Tritão, embora a maioria das Sereias não pertença a signos da água, mas a signos do fogo (mais agressivos).

Conclusão

Então, onde tudo isso me leva — uma Ninfa da Floresta solteira, ainda perdida e solitária na floresta?

Dependo muito das minhas amigas hoje em dia — uma revoada de Fadas, um pequeno grupo de Fadas Uivantes e algumas Elfas Urbanas, Gigantas, Vampiras e Dríades. Fazemos reuniões mensais em minha sala de visitas e escrevemos poesias para nos ajudar a superar os problemas amorosos. Por ser Ninfa da Floresta, preciso continuar a escrever. É o que me ajudará a levar a vida até mesmo se o Centauro ou o Espírito da Floresta perfeito não aparecer. Talvez algumas de minhas tendências de Ninfa da Floresta continuem a se tornar mais brandas. Talvez eu, finalmente, encontre alguma paz e satisfação apenas em ficar sozinha com meu bebê Sereia/Ninfa da Floresta (uma Sereia/Ninfa da Floresta em treinamento) e seu irmão (cujo tipo não emergiu ainda), meus amigos e meu trabalho. A jornada na escura floresta do namoro é assustadora, algumas vezes, mas, no final, todos veremos uma luz brilhante através das folhas, marcando nossos rostos com sombra e brilho à medida que emergimos, acompanhados ou tranquilamente sozinhos, com um pouco mais de conhecimento sobre os outros e, mais importante, sobre nós mesmos.

Agradecimentos

Se Lydia Wills não tivesse percebido o potencial deste livro, ele talvez nunca tivesse sido escrito. Ela é uma fonte inesgotável de estímulo e inspiração. Segundo Lydia, Reg E. Cathey a motivou com esse projeto. Lydia também descobriu a genial artista Fumi Mini Nakamura, que deu vida às palavras com suas ilustrações. Benjamin Adams e Rachel Mannheimer na Bloomsbury fizeram tudo acontecer, e sou grata pela ponderada perícia editorial deles.

Muitos de meus amigos ajudaram a orientar e inspirar este livro, ou apenas me apoiaram emocionalmente durante o por vezes cansativo processo de "pesquisa". São eles: Paul Monroe, Sera Gamble, Carmen Staton, Tracey Porter, Suzy Sanchez, Sarah Hechtman, Sara Turbeville, Caron Post, Reina Escobar, Rachel Resnick, Marjo Maisterra, Sandra Bossier, Morningstar e Michael, Steve Erickson e Lori Precious, Yxta Maya Murray e Molly Bendall. Um agradecimento especial a Carol Blake e ao dr. Hari Bhajan Khalsa, por me ajudarem a aprender como controlar minha natureza Ninfa da Floresta.

Todos os meus alunos enriquecem minha vida e meu trabalho. Os membros extremamente talentosos de meu grupo de crítica têm sido especialmente maravilhosos. São eles: Jennifer Sky Band, Rocio Carlos-Gonzales, Liz Dubelman, Jeni McKenna e Margo Valentine.

Gostaria de agradecer aos editores de meus outros projetos por me manterem ocupada escrevendo e, consequentemente, não apenas empregada, como também sadia mentalmente. São eles: Tara Weikum, na Harper; Giovanni Arduino, na Elliot Edizioni; Jennifer Joseph, na Manic D. Jason Yarn; e Alyssa Reuben, na Paradigm, sempre garantindo que tudo corra bem.

As Ninfas da Floresta só gostam de ser fotografadas por pessoas em quem confiam. Nicolas Sage tirou a fotografia da autora, com a assistência de Robert Kozek. A ajuda de Mandy O'Hanlon com meu cabelo e maquiagem fez com que eu me sentisse especialmente à vontade.

Por fim, obrigada a meu irmão, Gregg Marx, minha mãe, Gilda Block, e meus dois filhos, Jasmine Angelina Schuette e Sam Alexander Schuette. Amo vocês.

Este livro foi composto na tipologia
Adobe Garamond Pro, em corpo 11,5/16, e impresso
em papel off-white no Sistema Cameron da
Divisão Gráfica da Distribuidora Record.